LK² 232

# SOUVENIRS

## DU PAYS BASQUE

## ET DES PYRÉNÉES.

# SOUVENIRS

## DU PAYS BASQUE

ET DES PYRÉNÉES EN 1819 et 1820.

*Par M.* E. B.....

Lus aux séances de la Commission centrale de la Société de Géographie, par M. S. M....., membre de la Société et de celle Royale académique des Sciences.

PARIS,

IMPRIMERIE DE GOETSCHY, RUE LOUIS LE-GRAND, N° 27.

1823

# SOUVENIRS

## DU PAYS BASQUE

## ET DES PYRÉNÉES, EN 1819 et 1820.

## PREMIÈRE PARTIE.

### NOTICE HISTORIQUE SUR LES BASQUES (1).

UNE ancienne tradition rapporte que quelques siècles après le déluge, au temps où les premiers conquérans commencèrent à paraître sur la surface du globe, une portion d'hommes courageux et indépendans qui habitaient les environs du Caucase, aimant mieux s'expatrier que de se soumettre aux lois injustes de l'usurpation, alla former des établis-

(1) Cette notice n'est, à proprement parler, qu'un résumé succint de ce que les auteurs basques ont avancé pour prouver l'ancienneté et la constante indépendance de leur nation. Les matériaux en ont été puisés dans les ouvrages de Zamacola, Astarloa, Aspiroz, du père Sanadon, etc., ainsi que dans quelques manuscrits et renseignemens que l'auteur a été à même de se procurer sur les lieux.

semens dans des terres éloignées, jusqu'alors inconnues. Ces hommes étaient les descendans de Thubal ou Thobel, cinquième fils de Japhet : à leur tête
était Tarsis, neveu de ce même Thubal. Confiant
leur existence à la mer dans un temps où la navigation était à peine connue, ils vinrent après des
dangers sans nombre aborder en Espagne vers
l'embouchure de l'Ebre qu'ils remontèrent en se
fixant à droite et à gauche sur ses rives. Ils s'éten-
dirent de là sur une grande partie de la Péninsule
qu'ils trouvèrent partout inhabitée. On présume
que cette émigration dut suivre de bien près la
dispersion des enfans de Noé dans la plaine de
Sennaar, après la folle entreprise de la tour de
Babel. Quelques historiens fixent à l'année 523
après le déluge, l'arrivée de Tarsis en Espagne.

Ce qui donne quelque fondement à cette tradition, c'est que l'historien Josephe désigne les descendans de Thubal ou Thobel, sous le nom d'Ibériens, et Ptolémée sous celui de Thobelliens. Il est
constant de plus, d'après beaucoup d'auteurs, que
dès l'antiquité la plus reculée deux peuples étaient
connus sous le nom d'Ibériens, l'un habitant le
Caucase et la région située entre la mer Noire et
la mer Caspienne, et l'autre, la partie la plus
occidentale de l'Europe appelée depuis Espagne.
Cette dernière a aussi porté dans les premiers
temps le nom de Sétubalie, formée des trois mots
*scin, tubal* et *ria ou lia* qui dans l'ancienne langue

basque signifient *pays de la postérité de Tubal*.
Il s'ensuivrait que les Ibériens du Caucase et ceux
d'Espagne n'auraient dans l'origine formé qu'un
seul et même peuple.

Les Celtes furent les premiers étrangers qui vinrent s'établir en Espagne après les Ibériens. Après
quelques combats, on convint de les recevoir en
amis, et la partie où ils se fixèrent fut appelée Cel-
tibérie, du nom des deux peuples réunis. On ignore
l'époque de cet établissement, mais il paraît avoir
précédé de long-temps l'arrivée des Phéniciens qui
se montrèrent pour la première fois en Espagne,
1500 ans avant J.-C. Ceux-ci se fixèrent sur les
côtes méridionales, et furent imités par les Carthaginois environ mille ans après.

Ces envahissemens successifs ne furent pas vus
par les Ibériens avec tranquillité. Ils combattirent
long-temps pour défendre l'intégrité de leur territoire, mais fatigués d'avoir tous les jours à soutenir
de nouvelles guerres et voyant le nombre de leurs
ennemis s'augmenter continuellement, ils se re-
plièrent, à mesure que ceux-ci s'agrandissaient, vers
le nord de leur continent, où le peu de fertilité du
sol semblait devoir les mettre à couvert de la cupi-
dité des nations étrangères, tandis que les montagnes leur offraient plus de moyens de se défendre (1).

_____

(1) Le peuplement des Pyrénées s'explique encore par

Leur tranquillité ne tarda pas à être troublée par la guerre des Carthaginois contre les Romains. Les premiers craignant de s'affaiblir en combattant un peuple dont la bravoure leur était connue ainsi que sa passion pour l'indépendance, et au pouvoir duquel se trouvaient les passages des Pyrénées, recherchèrent son alliance et son amitié. Annibal en obtint, suivant Silius Italicus et Polype, un secours considérable, lorsqu'il passa en Italie, et leur intrépidité dans les combats ne contribua pas peu à ses succès. Détachés du parti des Carthaginois par l'adresse de Scipion, ils devinrent les alliés des Romains comme ils l'avaient été de leurs ennemis, et Tite-Live dit qu'ils furent les premiers soldats étrangers que Rome eut à sa solde. Ces différentes alliances ne portèrent aucune atteinte à leur liberté ; ils servirent simplement comme auxiliaires et sans recevoir aucunement la loi de leurs alliés.

Ce fut vers cette époque qu'ils commencèrent à être connus sous le nom de *Cantabres* (1) ou de

une grande sécheresse, dont parlent plusieurs auteurs, qui arriva 2,000 ans avant J.-C. et dura 26 ans. Elle mit à sec toutes les rivières et obligea les habitans du midi et de l'ouest de l'Espagne à se réfugier vers le nord et dans les montagnes que leur position avait garanties de cette calamité.

(1) Sénèque qui était Espagnol de naissance écrivait à sa mère lorsqu'il était exilé en Corse, que cette île avait

Vascons que Tite-Live et Silius Italicus donnent indifféremment aux peuples de la partie septentrionale de l'Espagne qui prêtèrent leur assistance à Annibal. Il est difficile d'expliquer les motifs de ce changement de nom, à moins qu'il ne leur ait été donné par les Romains à cause des chants de guerre que ces peuples faisaient entendre en marchant aux combats, et qu'il n'ait été formé des deux mots *cantus* et *iber*, ( Ibérien chantant *ou* chant ibérien ), pour les distinguer des Celtibériens qui depuis long-temps formaient une nation séparée.

Par suite les Cantabres ayant eu à se plaindre de quelques officiers de la république, ils en demandèrent raison les armes à la main et se réunirent à cet effet aux Celtibériens. Cette guerre fut des plus funestes à ces derniers qui eurent leur pays ravagé et furent soumis à la république par le consul Sempronius Gracchus.

Le peuple cantabre s'attacha ensuite successivement à Vercatus et à Sertorius dans les guerres qu'ils soutinrent contre les Romains. Pompée ayant

---

été peuplée anciennement par une colonie d'Espagnols, et que de son temps on y reconnaissait encore la coëffure et la chaussure des Cantabres ainsi que plusieurs mots de leur langue. Ce fait prouverait que la langue et le costume cantabres avaient été ceux de toute la péninsule, et que par conséquent ces derniers étaient le même peuple que les Ibériens.

détruit Calahorra, une de leurs villes, et s'étant emparé d'Jeûna, aujourd'hui Pampelune, ils suivirent alors le parti de ce général et combattirent pour lui à Pharsale. César qui ne paraît pas les avoir subjugués, puisqu'il garde sur ce point un profond silence, les employa ensuite comme auxiliaires. Auguste fit de grands efforts pour les soumettre et il leur déclara une guerre qui avait plutôt pour but de les anéantir que de les réduire à l'obéissance. On vit dans cette expédition qui dura cinq ans, les Cantabres accablés, écrasés et livrés aux supplices les plus barbares, refuser de s'avouer vaincus et mourir sur la croix et les gibets en chantant et défiant leurs adversaires. A la suite de cette guerre de dévastation, tous ceux qui habitaient les montagnes furent contraints d'en descendre pour venir s'établir dans les plaines, et les autres furent vendus comme esclaves. Mais à peine Auguste fut-il rentré dans Rome qu'ils reprirent les armes; ceux qui avaient été réduits à la servitude, égorgèrent dans une même nuit tous leurs maîtres, s'emparèrent de leurs armes, massacrèrent tous les Romains qui tombèrent entre leurs mains, reprirent plusieurs des places qu'ils avaient fait construire et répandirent une telle terreur parmi les légions que, suivant Dion Agrippa, on fut obligé d'en dégrader une toute entière pour contenir les autres. Fatigué de tant de résistance, Auguste, après les avoir battus de nouveau dans les plaines, sans pouvoir toutefois venir à bout de les forcer dans leurs montagnes, finit par leur donner la paix. Dès-lors ils réunirent leurs drapeaux à ceux des Romains; mais pour établir d'une manière stable et précise les rapports qui devaient exister entre les deux peuples, ils rédigèrent alors, pour la première fois, leurs *fors* par écrit. Voici quelles en étaient les principales dispositions.

Les assemblées générales de tous les états confédérés (1) devaient continuer à se réunir tous les ans sous l'arbre de Biscaye, pour nommer au sort et à la pluralité des voix, les sénateurs et autres agens qui devaient tenir les rênes du gouvernement pendant une année. Ces assemblées étaient composées de députés nommés dans chaque district par des fondés de pouvoirs, délégués par les provinces.

On nommait un protecteur qui veillait aux inté-

(1) Au temps de Pline la confédération comprenait sept peuples contigus les uns aux autres et habitant la partie septentrionale de l'Espagne, qui s'étend depuis les Asturies jusques dans le centre des Pyrénées. Les Pésiques occupaient le territoire de Saint-Ander et de Laredo, les Cantabres proprement dits, une partie de la Biscaye, de l'Alava et du Rioja, dont les Antrigons, les Caristes et les Origévions occupaient le reste ; enfin les Vardules et les Vascons habitaient le Guipuzcoa, la Navarre et une partie de l'Aragon. Tous ces peuples étaient aussi confondus sous le nom de Cantabres.

rêts de la nation auprès de la cour de Rome et des chefs des légions. Il commandait au besoin les troupes cantabres.

Les soldats qu'on fournissait aux Romains devaient être commandés par leurs chefs particuliers et d'après les ordonnances et coutumes du pays. Ces chefs avaient ordre de se retirer, si le traité était enfreint dans la moindre chose.

Les propriétés devaient être partagées en petites portions égales, capables de nourrir chacune une famille, sans que sous aucun prétexte, elles pussent être démembrées ou divisées. Cette clause avait pour but de maintenir l'amour de la patrie et de la liberté, qu'ils considéraient comme incompatible avec la jouissance des richesses.

Les pères de famille avaient la faculté de choisir entre leurs fils, filles ou neveux celui qui posséderait le bien. Si deux propriétés se trouvaient réunies par mariage, on devait les partager entre deux fils ou deux neveux. ( Cet usage s'observe encore dans une partie de la Biscaye. )

Les fils et gendres étaient obligés de nourrir leurs pères, beaux-pères et autres ascendans, quand ils tombaient dans l'indigence.

Les chefs de famille exerçaient les fonctions de magistrats en se renfermant dans le texte des ordonnances, et étaient chargés d'y faire obéir tout le monde, même ceux qui faisaient les lois dans les assemblées générales.

Pour éviter que l'argent, qui commençait à s'introduire chez eux, ne devint un moyen de se rendre puissant et de s'emparer du gouvernement, ceux-là seuls qui avaient maison, c'est-à-dire qui possédaient une des propriétés ci-dessus, étaient appelés à voter et avaient voix dans les délibérations publiques.

Des administrateurs étaient nommés pour rendre compte chaque année de l'augmentation ou de la diminution du produit des propriétés. Le travail était récompensé par des éloges, et on allait jusqu'à déposséder ceux qui avaient laissé dépérir les biens par méchanceté ou par incurie.

On devait conserver pendant un an, le dixième de la récolte, afin d'avoir une ressource assurée en cas de famine.

Les vignes étaient prohibées et il était défendu d'en jamais planter, pour éviter les excès et les maladies provenant de l'usage du vin.

Les montagnes et les vallées étaient reconnues communes à tous les habitans, à l'exception des portions de terre qui étaient allouées à chaque famille.

Le commerce ne pouvait se faire au moyen de l'argent, mais seulement par échange, ainsi que l'indiquent les mots artu emon, *donner* et *prendre*.

Il était défendu d'établir des hospices et des maisons de bienfaisance, attendu que de bonnes lois devaient prévenir la misère et la mendicité.

Les autres articles étaient relatifs à l'autorité des pères sur leurs enfans et à la punition des délits.

D'après ces lois, les Cantabres restèrent unis aux Romains tant que dura leur domination en Espagne, et servirent dans leurs armées comme amis et auxiliaires. Il y eut bien quelques démêlés entre les deux peuples au sujet des ravages auxquels le premier se portait envers les provinces romaines ; mais ces guerres passagères ne servirent qu'à civiliser quelques uns de ces peuples indomptables. *Non pacatos modò sed et civilis quosdam eorum redegit*, dit Strabon, en parlant de l'expédition que Tibère fit contre eux. Il resta toujours un noyau de la nation qui habitait les montagnes et qui ne perdit jamais son indépendance.

Cependant Pline qui écrivait au temps de Vespasien, les comprend au nombre des peuples tributaires de Rome et dépendans de la province tarragonaise ; mais ce qui semble contredire cette assertion, c'est que dans le pays des Cantabres proprement dits, des Vascons, des Caristes et des Origévions, il ne cite que la seule ville de Juliobriga qui envoyait des députés aux états généraux de cette province, tandis que les Vardules, les Pésiques et les Autrigons, qui avaient supporté tout le poids de la guerre, y étaient représentés par les députés d'un grand nombre de villes. On peut en conclure que ces derniers avaient été soumis, et que les autres n'avaient chez eux que la seule ville de Juliobriga, fondée par Jules-César, qui reconnut la domination de Rome. D'ailleurs Pomponius Mela, contemporain de l'empereur Claude et Espagnol de naissance, dit positivement que les Cantabres n'avaient rien de commun avec les Romains, et qu'ils avaient conservé leurs lois et leur langue primitive. Paul-Émile, auteur plus récent, annonce également que ces peuples n'avaient jamais vécu sous d'autres lois que les leurs. Florus qui écrivait l'an 217 de l'ère chrétienne, dit que toute l'Espagne était soumise aux Romains, à l'exception de la partie adossée aux Pyrénées; et Saint Augustin, que les Cantabres ne purent jamais être considérés comme leurs sujets, puisque les Romains n'introduisirent jamais dans le pays ni leurs lois, ni leurs mœurs. Plusieurs auteurs appuyent cette assertion.

Vespasien confirma aux peuples cantabres le droit de Latium, dont ils jouissaient depuis J. César, et Caracalla en 212, leur conféra celui de citoyens romains. Lors des premières invasions des barbares du Nord, ils les combattirent courageusement, tantôt dans les rangs des Romains, tantôt seuls pour défendre leur indépendance, et après que les Goths se furent emparés de l'Espagne, ils restèrent encore long-temps fidèles à l'empire.

Il est à remarquer que ces peuples n'avaient jamais été idolâtres. Long-temps avant la venue de

J. C. ils reconnaissaient un être suprême sous le nom de Jaungoicoa, *Seigneur d'en haut*, dont ils ont fait par abréviation Jineoa, terme qu'ils emploient encore aujourd'hui pour signifier *Dieu* (1). Aussi furent-ils des premiers à embrasser le christianisme, et ce qui est une nouvelle preuve de leur indépendance du temps des Romains, c'est qu'il n'y eut jamais chez eux aucun martyr de la religion chrétienne, tandis que les provinces voisines, soit en France, soit en Espagne, furent inondées de sang.

On trouve cependant dans leur histoire des traces d'une espèce de culte qu'ils rendaient anciennement à la lune. Ils avaient en l'honneur de cet astre des fêtes et des cérémonies qui se célébraient particulièrement par des danses nocturnes devant les portes de leurs maisons. Les époques consacrées à ces fêtes étaient le premier et le dernier jour de la lune qu'ils appelaient Astelena et Azteazquena; et celui de la pleine lune qu'ils nommaient Azteartia ou Igoandia.

Après la chute de l'empire d'Occident, les Cantabres ou Vascons, eurent à lutter successivement contre les Sueves et contre les Goths. On vit en 522, Euric, roi des Goths, s'emparer de Pampelune;

---

(1) Strabon qui mourut peu d'années avant J. C., dit que les Celtibériens et les peuples qui les avoisinaient du côté du nord, adoraient un dieu sans nom.

en 563 Leuvigilde dévaster leur pays et ruiner la ville de Cantabria, et en 587 Récarède vaincre les Vascons navarrois en bataille rangée. Les rois de France Clotaire et Childebert pénétrèrent aussi chez eux en 536, mais un an après ils furent forcés par Theudis ou Théodoric, roi des Goths, de lever le siége de Sarragosse, et perdirent dans les gorges des Pyrénées, la plus grande partie des troupes qui leur restaient. Tous ces événemens ne firent que diminuer encore le territoire des Vascons et les resserrer davantage dans leurs montagnes , sans que les succès momentanés de ces divers princes aient pu influer sur leur indépendance.

Sous les règnes de Leuvigilde ou de Récarede en Espagne, et de Clotaire II en France, les Vascons, ( car à cette époque ils n'étaient plus connus que sous ce nom ) qui jusqu'alors n'avaient habité que le versant méridional des Pyrénées , se trouvant trop à l'étroit dans leurs montagnes, commencèrent à faire sur la Novempopulanie des excursions dont ils revenaient chargés de butin. En 587, suivant Grégoire de Tours et, suivant d'autres auteurs, en 595, une armée prodigieuse de Vascons, suivis de leurs femmes et de leurs enfans, se répandit comme un torrent sur la Novempopulanie, s'empara du pays et poussa ses conquêtes jusqu'aux portes de Toulouse et aux rives de la Garonne. Austrevalde, duc de Toulouse, ayant ramassé toutes ses forces pour s'opposer à leurs ravages, ils furent forcés d'abandonner les plaines, de se retirer peu à peu vers les montagnes, et de borner leurs conquêtes aux pays situés entre les Pyrénées et l'Adour, dont ils restèrent possesseurs, après en avoir chassé les habitans.

Les Vascons aquitains en changeant de pays ne changèrent ni de mœurs ni de caractère, et restèrent intimement unis aux Vascons espagnols avec qui ils continuèrent à ne former qu'un même peuple.

En 602, les deux rois Thierry et Théodebert, voulant mettre un terme à leurs déprédations, marchèrent contre eux ; mais sur le point d'en venir aux mains, la paix fut conclue au moyen d'un traité qui laissait aux Vascons la jouissance de leurs conquêtes en France, à condition qu'ils recevraient un duc de la main de ces princes. La Novempopulanie et les pays soumis à la métropole d'Eause ( aujourd'hui Auch ), ayant été réunis au pays des Vascons pour former ce duché, ces provinces prirent le nom de duché de Vasconie et par corruption de Gascogne, qu'elles conservèrent depuis, à l'exception cependant du pays d'où elles l'avaient tiré.

C'est de cette transposition de nom qu'est venue l'erreur de beaucoup d'historiens, qui ont confondu les anciens Vascons avec les Gascons nouveaux qui n'étaient autres que Novempopulaniens ou Aquitains, et beaucoup de traits qu'ils ont at-

tribués aux Gascons en général n'appartienneut
qu'au premiers. Ces deux peuples ont toujours
conservé entre eux une ligne de démarcation bien
distincte, même pendant le court espace de temps
qu'ils ont été réunis sous le même duc. Cette ligne
subsiste encore aujourd'hui entre les Gascons et les
Basques, quoique depuis long-temps ils vivent sous
les mêmes lois, à tel point qu'il est impossible de
supposer qu'ils aient jamais pu être confondus(1).

En 626, après la mort de Géniales, premier duc
de Vasconie, les Vascons chassèrent son succes-
seur qu'ils remplacèrent par un chef de leur choix
sans l'aveu des rois de France. Dagobert fit marcher contre eux, en 635, une armée qui les attaqua
dans la vallée de *Subola* ( Soule ); mais s'étant
engagé trop témérairement dans les montagnes
pour les poursuivre, il fut obligé de se retirer après
avoir perdu presque tout son monde.

Tandis qu'en deçà des Pyrénées les Vascons dis-

---

(1) Ce qui confirme encore l'erreur dont je parle,
c'est le refuge que vinrent chercher en 670 chez les Vascons, les seigneurs de Neustrie et de Bourgogne, qui
fuyaient les persécutions d'Ebroin, maire du Palais; et en
769, Hunald que Charlemagne avait mis en possession
d'une partie de l'Aquitaine, et qui ensuite s'était révolté
contre ce prince. Ce refuge se trouvait tout naturellement dans les montagnes des Vascons, tandis qu'on l'aurait vainement cherché dans les plaines de la Novempopulanie.

putaient aux rois de France le terrain qu'ils avaient
conqnis, ils continuaient du côté de l'Espagne, à
se défendre contre les rois Goths qui prétendaient
les asservir. En 618, lorsque sous le règne d'Hé-
raclius, les Impériaux eurent été forcés de renoncer tout-à-fait à l'Espagne, ces peuples se mirent
sous la protection des princes Goths aux mêmes
conditions qu'ils avaient faites avec les Romains.
Richmer, fils de Suintila, roi des Goths, fut
nommé duc de Cantabrie.

Dès lors le pays continua d'être gouveruè par
des ducs (1), sans cependant rien perdre de son
indépendance, et ce qui prouve qu'elle fut respec-
tée par les rois Goths, c'est que lors de la convo-
cation qui fut faite par eux à différentes reprises
des assemblées ou cours générales, qui étaient
composées de tous les ducs, comtes, gouverneurs et
grands-officiers du royaume, dont les noms sont
rapportés dans les actes et conciles de Tolède, il
ne se trouve parmi eux aucun duc de Cantabrie,
ni même aucun nom qui ait rapport au pays.

Ces ducs n'avaient du reste sur les peuples

_____

(1) Ces ducs, s'il faut en croire certains auteurs, n'a-
vaient pas cessé d'exister depuis une époque antérieure
à l'arrivée des Carthaginois en Espagne. Ils en citent
même sept jusqu'au temps où Auguste fit la guerre à ce
pays, qu'ils nomment Salacio, Oca, Cantabro, Astur I,
Herdo, Astur II et Dioristeno.

qu'une autorité très-limitée. Leur principale attri-
bution était de maintenir la tranquillité publique
et de faire observer les antiques fors du pays, de
protéger les magistrats et les fonctionnaires pu-
blics, de rassembler les troupes qu'exigeait la défense de la patrie ou celles que demandait le suprême protecteur. Tout le reste était à la charge
des assemblées ou juntes de la nation, comme de
proposer et rendre les lois et ordonnances, voter
les impôts, déclarer la guerre ou la paix, nommer
aux emplois militaires et civils, convoquer les
assemblées, etc.

Malgré l'alliance des Vascons avec les Goths, il
y eut entre eux différentes guerres occasionnées
par les déprédations des premiers, qui avaient
peine à renoncer à d'anciennes habitudes. Ces
guerres cessèrent tout-à-fait en 680, et les Vascons
jouirent tranquillement de leur liberté jusqu'au
moment où les Sarrazins et les Maures d'Afrique
vinrent fondre sur l'Espagne. Ils restèrent alors
fidèles à l'alliance qu'ils avaient contractée avec
les rois Goths, et en 712, lors de la mort de Rodrigue, dernier souverain de ce peuple, ils donnèrent
dans leurs montagnes un asile aux restes de la nation
vaincue et à Pélage, qu'ils aidèrent à reconquérir
le royaume des Asturies.

Vers cette époque l'ancienne Cantabrie commença à se démembrer. Il est assez difficile de dé-
mêler l'histoire des peuples qui l'habitaient, à tra-

vers la confusion qui règne dans l'histoire de ces siècles à demi-barbares, mais il est à présumer que c'est vers ces temps que s'établirent les divisions de territoire qui subsistent encore aujourd'hui, savoir : en France, de basse Navarre, Soule et pays de Labourt, et en Espagne, de haute Navarre, Guipuzcoa, Alava et Biscaye. Ces provinces qui étaient tout ce qui restait de l'ancienne confédération cantabrique, se donnèrent des seigneurs particuliers, qui lorsqu'ils n'étaient pas assez forts pour se défendre, se mettaient sous la protection les uns des autres ou des princes voisins. C'est ainsi que les Vascons navarrois se voyant menacés par les Maures, se réunirent sous un chef qu'ils nommèrent *Enceo Semenona* ( bon fils de la patrie ), auquel ils adjoignirent douze personnes marquantes du pays, pour lui servir de conseil, et lui de son côté, s'engagea à maintenir les lois et coutumes qui avaient existé jusqu'alors.

Ce chef et ses descendans s'étant mis sous la protection des ducs d'Aquitaine, eurent à soutenir des guerres sanglantes contre les Maures, qui tentèrent à différentes reprises de les assujettir; mais il paraît qu'ils ne poussèrent jamais leurs conquêtes au-delà de Pampelune, qui fut pris et repris plusieurs fois, et qu'ils ne furent jamais maîtres de l'intérieur du pays. En effet, lors des irruptions que les Maures firent en France depuis 719 jusqu'en 795, on les vit presque toujours prendre leur route par le Roussillon et la Catalogne, ce qu'ils n'auraient pas fait s'ils eussent été maîtres des passages des Pyrénées occidentales.

En 778, eut lieu la fameuse affaire de Roncevaux, où les Navarrois sous la conduite de Loup III, leur duc, surprirent dans les défilés des Pyrénées l'arrière garde de l'armée de Charlemagne, dont ils firent un horrible carnage. Ce prince étant rentré quelque temps après dans le pays, se vengea d'eux en livrant leur duc au supplice. Il fit une nouvelle division du territoire et créa un nouveau duché de Vasconie, qu'il composa des pays situés entre les Pyrénées et l'Adour, et dont il confia le gouvernement à Adalaric, fils de Loup III (1). Quelques auteurs prétendent que cet événement n'eut lieu que sous Louis le Débonnaire. Quoiqu'il en soit, les Vascons ne restèrent pas long-temps sans reprendre les armes, car on voit en 812 ce même Adalaric attaquer l'armée de Louis dans les mêmes défilés où son père avait été surpris, et en 822 les troupes françaises et gasconnes s'engager encore imprudemment dans les Pyrénées et être battues de nouveau par les montagnards.

Les Navarrois espagnols qui s'étaient vu oppri-

(1) On présume que la résidence de ces ducs était à Saint-Jean-le-Vieux, en basse Navarre, et dans le dernier siècle on y voyait encore les ruines d'un vieux château qu'on disait avoir été leur demeure.

mer par la France, depuis l'expédition de Charlemagne, résolurent enfin de se rendre indépendans
de toute puissance, et à cet effet, après avoir dé-
fait les troupes que Pépin avait envoyées contre
eux, ils s'érigèrent en 825 en royaume indépen-
dant et se donnèrent pour roi Garcia Ximenès. Un
des descendans de ce prince, Sanche Garcia, dit
Abarca Ier, réunit à sa couronne la Navarre française, qui avait continué de se gouverner par des
seigneurs particuliers sous la protection de la
France, tantôt en paix, tantôt en guerre avec elle.
Le royaume de Navarre passa ensuite successivement entre les mains des princes de la maison
de Navarre, de Champagne, de France, d'Évreux,
de Foix et d'Albret jusqu'en 1512, où Ferdinand
le Catholique s'empara de la Navarre qu'il réunit à
la couronne de Castille. Le royaume de Navarre,
réduit au pays situé en-deçà des Pyrénées, continua d'être gouverné par les princes de la maison
d'Albret, jusqu'au moment où Henri IV montant
sur le trône de France, réunit les deux couronnes,
tout en conservant à ses anciens sujets la jouissance de leurs droits, fors, franchises et libertés
qu'ils avaient acquis depuis tant de siècles et auxquels il n'avait jamais été donné atteinte par les
différens princes qui les avaient régis. Ils gardèrent
ces mêmes priviléges jusqu'au moment de la révolution.

Ferdinand le Catholique avait agi de même lorsqu'il s'était emparé de la Navarre espagnole, et cette province quoique réunie à la Castille, n'en continua pas moins d'être administrée, sous ce prince et ses descendans, comme un état particulier et d'après les lois du pays (1).

La Soule qui lors du démembrement avait suivi le sort de la Navarre française, reconnut avec elle en 906 la souveraineté des rois de Navarre.

---

(1) Ces lois étaient rendues par des cortès ou cours générales composées des trois ordres du royaume; savoir: le clergé, le militaire et les universités. Le premier était présidé par l'évêque de Pampelune, et à son défaut par celui de Tudèle, et ensuite le prieur de Roncevaux, le grand prieur de l'ordre de Saint-Jean de Navarre, les abbés mîtrés des couvens de moines et le proviseur de Pampelune. Le second l'était par le comte de Lérin, connétable et conseiller suprême de Navarre, et après lui par le duc de Grenade. Le troisième l'était par la ville de Pampelune.

Le vice-roi, au nom du souverain, convoque les cortès, ouvre et ferme la session, mais il n'assiste pas aux délibérations. Il approuve les lois qui y sont décrétées, et dans la première année du règne d'un souverain, il jure en son nom de maintenir les fors et priviléges du pays.

Le conseil suprême et celui des cortès sont chargés de faire exécuter les lois aussitôt qu'elles ont reçu la sanction du roi; et lorsque le monarque envoye de son chef une loi à faire exécuter dans le royaume, il doit déclarer que telle est sa volonté seulement pour cette fois, sans préjudice des lois établies, faute de quoi il n'obtiendrait pas l'assentiment du conseil pour son exécution.

Elle continua cependant d'avoir ses vicomtes particuliers jusqu'au commencement du 14ᵉ siècle,
qu'elle fut cédée à Edouard duc de Guyenne, et en
1451, lorsque les Anglais furent chassés de la
France, elle revint à cette couronne à qui elle est
restée depuis ce temps.

Quant au pays de Labourt, il continua après la
réunion de la Soule et de la Navarre française au
royaume de Navarre, d'être régi par des seigneurs
connus tantôt sous le nom de comtes des Basques,
tantôt sous celui de seigneurs de Labourt ou vicomtes de Bayonne. En 1177, il tomba au pouvoir
de Richard, duc de Guyenne, depuis roi d'Angleterre, qui ne toucha ni aux lois ni aux constitu-
tions du pays. Le Labourt revint ensuite à la France
en même temps que le duché de Guyenne (1).

---

(1) M. de Jouy dans son *Ermite en Province*, donne
des détails intéressans sur l'administration civile du pays
de Labourt avant la révolution. C'est à Ustaritz, gros
bourg situé sur la Nive à deux lieues de Bayonne, que
se tenait le *bilçar* ou assemblée des propriétaires et chefs
de famille, à la discussion et à la sanction de laquelle
étaient soumises les questions administratives de toutes
les communes du Labourt.

« Le bilçar, dit-il, ne se tenait ni dans un palais, ni
» dans une enceinte fermée de murailles, mais dans un
» bois sur une éminence qui dominait la commune
» d'Ustaritz. Deux quartiers de rocher formaient les
» siéges du président et du secrétaire. Un autre bloc

Le Guipuzcoa, après l'occupation de l'Espagne par les Maures, s'était mis d'abord sous la protection des comtes d'Aquitaine; il passa en 825 sous celle des rois de Navarre, auprès desquels le chef nommé par la province eut sa résidence, et ensuite sous celle des seigneurs de Biscaye. Il y resta 47 ans et retourna à la Navarre jusqu'en 1200 que s'en voyant opprimés, les Guipuzcoans profitèrent de l'absence du roi Don Sanche, dit le Fort, qui se trouvait en Afrique, pour conclure avec Alphonse VIII, roi de Castille, un traité par lequel ils passèrent sous sa domination, avec la condition expresse qu'il ne serait rien innové aux fors et coutumes du pays d'après lesquels ils continueraient de se gouverner, ainsi que la chose avait eu lieu pendant le temps qu'ils avaient été sous la protection de la Navarre et des autres états (1).

---

» dont la surface avait été grossièrement polie, servait
» de table. C'est là que s'inscrivaient les délibérations et
» les arrêtés du conseil; les membres composant l'assem-
» blée, debouts, appuyés sur des bâtons d'épines et ados-
» sés à de vieux chênes rangés circulairement, avaient
» autant de respect pour cette enceinte sauvage que les
» Romains pour le Capitole, décoré des images de leurs
» dieux »;

(1) Un des articles de ces fors, chap. 2, titre 39, était ainsi conçu :

« Ordonnons que si quelque seigneur de cette province
» ou d'ailleurs, sous prétexte de lettres ou de pouvoirs

L'Alava resta long-temps sous la protection des Asturies. Il fournit plusieurs fois asile aux princes de cette nation lorsqu'ils eurent à fuir la persécution. En 912, il se mit sous la sauve-garde de la Castille ; mais en 1083, il passa sous celle de la Biscaye. En 1123, lors des troubles qui eurent lieu en Castille, entre Alphonse VII et son beau-frère Alphonse d'Aragon, les Alavains choisirent pour leurs protecteurs les rois de Navarre jusqu'en 1200 qu'ils retournèrent à la Castille. Ils eurent à cette époque des seigneurs qu'ils se choisissaient eux-mêmes et qu'ils prirent même dans les cours voisines. En 1332, se voyant agités par suite des prétentions des rois de Navarre et de Castille à la nomination de ces seigneurs, ils se donnèrent définitivement à la Castille , à peu près aux mêmes conditions que le Guipuzcoa (1).

---

» à lui transmis par le roi notre seigneur, qui n'au-
» raient pas avant tout été présentés aux assemblées,
» voulait tenter d'exécuter ou de faire exécuter quel-
» que chose contre les fors, priviléges et provisions que
» la province tient du roi, les habitans des villes et des
» villages s'opposent à de semblables choses, et que si
» le susdit seigneur ne voulait pas se désister de bonne
» grâce, ils le mettent à mort ; que les villes et les pro-
» vinces soutiennent le meurtrier , et se rendent ga-
» rans du fait ».

(1) Il fut stipulé entre autres clauses :

« Que le roi ne pourrait jamais céder ni aliéner la

Après la mort de Rodrigue, dernier roi des Goths, les Biscayens se mirent d'abord, ainsi que les Guipuzcoans et les Navarrois, sous la protection des ducs d'Aquitaine. En 885, ils passèrent sous celle de la Navarre, et en 1124, sous celle des rois de Castille, jusqu'à ce qu'en 1739 ils furent réunis à cette couronne par Jean I<sup>er</sup>, qui avait hérité de sa mère du titre de seigneur de Biscaye. Leurs priviléges leur furent conservés ainsi qu'on l'avait fait à l'égard des autres provinces basques (1).

---

» terre d'Alava ; que tous les Alavains seraient francs,
» libres et exempts de tout impôt, contributions et ser-
» vitude, tant pour leurs propriétés actuelles que pour
» celles à venir ; que le roi ne pourrait ni donner de loi,
» ni nommer d'autres gouverneurs que ceux de Vitto-
» ria et de Trebino ; qu'il maintiendrait, lui et ses suc-
» cesseurs, les droits et fors dont le pays avait joui jus-
» qu'à ce moment ; qu'il ne pourrait regarder la province
» comme sa propriété, ni ordonner d'y construire aucune
» ville, et que si la chose arrivait, tous les infançons se
» trouveraient par là dégagés du serment de fidélité et
» autorisés à mettre à mort ceux qui tenteraient de les
» incommoder.

» Que les alcades seraient natifs d'Alava et auraient
» le titre de seigneurs à la cour du roi ; qu'il ne serait pas
» construit de forges en Alava, pour que les montagnes
» ne se dépeuplent pas de forêts, etc.

(1) Les Biscayens jouissent ainsi que les Guipuzcoans du privilége d'être regardés comme nobles dans les autres provinces d'Espagne, par le seul fait de leur origine.

DEUXIÈME LETTRE.

Béhobie, le ........... 1819.

Au fond du golfe de Gascogne, à une demi-
lieue de la mer, en remontant le cours de la Bidassoa, on trouve sur la rive droite de cette rivière, une réunion de quelques habitations, connue sous le nom de *Pas de Béhobie*. Bien que
dans l'origine ce ne fût qu'une maison servant
de refuge au batelier qui passait les voyageurs
d'un bord à l'autre, *Béhobie*, par sa position
sur la principale route de communication entre la France et l'Espagne, au point de contact
des deux royaumes, serait bientôt devenu un village considérable, sans les guerres qui ont presque

Un autre privilége défend de les exproprier de leurs
maisons, de leurs armes et de leurs chevaux.

Un autre accorde droit de refuge à toute maison de
Biscayen, et le Merin non plus que la justice ne pouvait
s'en approcher.

Toute cause civile ou criminelle intentée contre un
Biscayen, dans quelque partie de l'Espagne que ce fût,
devait être remise ainsi que le coupable au grand-juge de
la province, afin qu'il pût être jugé suivant les lois de son
pays.

continuellement ravagé le pays ; mais après toutes les scènes de dévastation que les habitans de cette frontière ont eues sous les yeux depuis plusieurs siècles, ils n'ont pas été pressés de venir s'établir dans l'endroit qui y était le plus exposé, et aujourd'hui on n'y trouve qu'une assez mauvaise auberge, un bureau de douane et quelques maisons appartenant aux paysans qui cultivent les terres des environs. Le village est adossé de trois côtés à des hauteurs qui, se joignant à d'autres plus élevées, forment avec elles un chaînon que va regagner d'un côté la grande chaîne centrale des Pyrenées, tandis que de l'autre il va, en s'abaissant insensiblement, se perdre dans la mer, non loin d'Hendaye.

Vis-à-vis de Béhobie, de l'autre côté de la Bidassoa, s'ouvre un bassin demi-circulaire, au milieu duquel s'élève *Irun*, petite ville qui n'a d'autre importance que d'être la première que l'on rencontre en entrant en Espagne. Les hauteurs qui sont sur la gauche vont, comme celles de l'autre rive, rejoindre la crète principale, et, à droite, la montagne d'*Aisguibel* se montre tout à fait isolée sur le bord de la mer, comme une digue immense destinée à défendre le pays contre ses invasions. Au pied de cette montagne, à peu de distance de l'embouchure de la Bidassoa, on trouve *Fontarabie*, autrefois le boulevart de l'Espagne sur cette frontière, et dont le nom se trouve à chaque page de l'histoire de nos anciennes guerres. *Hendaye* est vis-à-vis sur la rive opposée. Ruinées l'une par l'autre dans les premières campagnes de la révolution française, ces deux villes ont perdu leur ancienne importance et ne subsistent plus que pour attester les fureurs du temps et les suites malheureuses des guerres. Hendaye, long-temps florissante par son commerce et son indus-trie, dont les hardis marins partagent, avec ceux de Cibourre et de Saint-Jean-de-Luz, la gloire d'avoir osé les premiers attaquer la baleine dans les mers du nord, n'est plus aujourd'hui qu'un amas de décombres. Les Espagnols, après s'en être emparés en 1793, la brulèrent et firent sau-ter son fort. Ses habitans se disséminèrent dans la province; quelques-uns seulement revinrent fouil-ler dans les ruines de leurs anciennes demeures et s'y construisirent des masures. Cette ville qui en 1650 avait 250 feux ou familles, possède à peine aujourd'hui autant d'habitans.

Fontarabie est loin d'avoir autant souffert. Peu de temps après la destruction d'Hendaye, l'armée républicaine ayant repris le dessus, débusqua les Espagnols des positions qu'ils occupaient en France, pénétra chez eux et vint prendre cette ville, Saint-Sébastien et plusieurs autres places. Il lui était bien permis d'user de représailles, et ce n'é-tait pas la crainte d'être désapprouvée par la con-vention qui pouvait empêcher un acte de cruauté;

cependant on se contenta de démanteler Fontarabie et d'en faire sauter les fortifications. Cette
opération ne se fit pas sans causer quelque dom-
mage à la ville, mais du moins elle resta debout;
on poussa même la génorosité jusqu'à laisser aux
habitans une partie de leurs murailles qui n'était
pas encore abattue au moment où la paix fut
signée, afin qu'ils en conservassent le souvenir.
A cette époque cette place avait déjà perdu toute
sa prépondérance, par suite de son ancien système
de fortification qui la mettait hors d'état de résister à une attaque un peu sérieuse. Elle ne s'est
pas relevée de ce dernier échec. On n'y voit plus
aujourd'hui que deux ou trois rues fort tristes
et dont la moitié des maisons tombe en ruines.

Mais revenons un instant à Béhobie. J'aurai occasion de vous ramener encore à Fontarabie et à
Hendaye en achevant de vous faire connaître les
environs de ma résidence. D'après la description
que je vous en ai faite, vous devez penser qu'un
tel séjour ne doit pas être très-attrayant, et que
le mortel condamné à l'habiter doit s'y résoudre
à une abnégation presque totale des plaisirs du
monde. L'aubergiste de l'endroit et les deux employés du bureau des douanes sont à peu près
les seules personnes avec qui l'on puisse conver-
ser en français; les autres ne parlent que le basque
et un peu d'espagnol, ou bien ils baragouinent une
espèce de jargon mêlé de ces deux langues et d'un

peu de la nôtre, et alors ils passent dans le pays pour parler français. C'est dans ce langage que mon vieil hôte, Ganetchiqui, Basque s'il en fut jamais, me raconte, pendant les longues soirées d'hiver, les anciennes histoires du pays, les querelles des *Sabel churri* et *Sabel gorri*, les disputes des seigneurs d'Urtubie et de Saint-Pé, les guerres du commencement de la révolution et celles de la dernière expédition d'Espagne, dont il avait été en partie témoin oculaire. Tout cela ne m'amuse guères; il ne me reste donc d'autre ressource que dans la promenade, et par bonheur je l'aime beaucoup. Vous connaissez mon goût pour les excursions; il remonte à ces temps de mon enfance où vous m'emmeniez avec mes frères dans vos courses d'herborisation et où, en nous faisant partager vos fatigues et vos plaisirs, vous nous appreniez à aimer cette vie errante qui plaît tant au naturaliste et qui lui fournit tant de moyens de satisfaire son penchant favori ? (1) Sont-ce les montagnes que je veux parcourir ? J'en suis entouré; à peine sorti de ma champêtre habitation, je commence à gravir, et bientôt le pays se dé-

_____

(1) Ces lettres qui n'étaient pas destinées à l'impression, ont été adressées par l'auteur à son père, M. B.., directeur des douanes à Abbeville, associé correspondant de l'institut pour la section de Botanique, et auteur d'une Flore du département de la Somme.

ploye devant moi, ainsi qu'une carte immense.
Chaque sommet me présente un point de vue ;
et comme si l'intérêt du paysage ne suffisait
pas pour occuper mon imagination toute entière,
la contrée fourmille de souvenirs nationaux, et
l'histoire à la main, je me reporte au milieu des
grandes scènes qui se sont passées autour de moi.
Ici c'est la montagne de Louis XIV, plus loin
celle des Trois-Couronnes ; là c'est la redoute des
Sans-Culottes ou le camp des Émigrés : ici com-
battait le brave La Tour d'Auvergne et plus loin
le maréchal Soult faisait payer cher aux Anglais
la gloire de son expulsion d'Espagne. Partout les
monumens de la guerre de la succession se trouvent mêlés à ceux des premières campagnes de
la révolution ou de la dernière guerre de Napo-
léon Bonaparte.

Mais suis-je fatigué de parcourir les montagnes ?
j'ai bientôt trouvé une promenade moins pénible
et des souvenirs plus consolans. Je descends sur
les bords de la Bidassoa, à l'endroit où était le
pont construit par les Français en 1807, et que
les Espagnols brûlèrent lors de la retraite des premiers ; je prends un canot et je suis le cours de
l'eau. Derrière moi s'ouvre une sombre vallée
creusée par la Bidassoa qui, à une lieue de là,
cesse de former la limite entre les deux royaumes
et devient tout à fait espagnole en s'enfonçant dans
les montagnes de la Navarre. Bientôt je découvre

*l'Ile de la Conférence*, si connue dans notre histoire par l'échange de François Iᵉʳ, lorsqu'il fut
rendu à la France après sa captivité, par celui des
deux princesses royales de France et d'Espagne
qui, sous Louis XIII, allèrent prendre toutes
deux possession d'un trône, et par les négociations
qui eurent lieu en 1659, au sujet du mariage de
Louis XIV. Cette île porte encore le nom d'*Ile
des Faisans*, qui ne provient pas, comme on l'a
prétendu, de la grande quantité de faisans qui y
étaient alors, attendu que l'île est trop petite pour
leur fournir un abri, et que d'ailleurs on en trou-
verait difficilement un seul dans le pays. Voici
l'origine qu'on donne à cette dénomination ; elle
m'a paru assez curieuse pour être rapportée.
Quand Mazarin et don Louis de Haro s'établirent dans l'île, en 1659, on envoya au loin des
pourvoyeurs chargés d'approvisionner la table de
leurs seigneuries. Comme on n'avait pas précisément spécifié à chacun ce qu'il devait rapporter,
presque tous arrivèrent avec des faisans. On prit
d'abord assez bien la chose et on en mangea à
toutes les sauces ; mais au bout de quelques
jours, on se fatigua de ne voir jamais que des
faisans, et on s'en dégoûta si bien qu'on finit par
les faire jetter à la rivière, afin de n'en plus entendre parler : depuis ce temps l'île en a conservé le nom.

Au reste cette île, longue à peine aujourd'hui

de 500 pas sur 50 de large, devait être beaucoup plus grande, lors des mémorables événemens qui s'y sont passés. Les marées qui la couvrent presque en entier à certaines époques de l'année, en emportent tous les jours quelque fragment pour en enrichir la rive française, à qui depuis plusieurs années les alluvions ont fait gagner beaucoup de terrain; et si quelque révolution naturelle ne vient pas changer la direction du courant qui porte aujourd'hui avec beaucoup de force du côté de l'Espagne, encore un siècle et l'île de la Conférence n'existera plus que de nom.

A peu de distance de la rivière sur une petite hauteur dont elle baigne le pied, j'apperçois des ruines imposantes par leur masse et leur vétusté. Ce sont celles du château de Béhobie qui fut, dit-on, détruit lors de la guerre de la succession par une batterie placée au haut de la montagne de Louis XIV, de l'autre côté de la Bidassoa. Plus loin s'ouvre une petite vallée que termine brusquement un énorme rocher, dont la perpendicularité forme un effrayant précipice; un ruisseau qui prend sa source dans les hauteurs de la montagne d'Haya ou des Trois-Couronnes, vient s'y précipiter, en formant une cascade de plus de 600 pieds d'élévation. En continuant ma navigation, je longe la grande route d'Irun. Elle a acquis en cet endroit une sorte de célébrité pendant la dernière guerre, par la quantité de meurtres et d'assassinats qui furent commis par la bande de Mina. Des détachemens de cette troupe venaient s'embusquer jusques dans les bois et les broussailles qui bordent le chemin, et malgré la garnison d'Irun, malgré celle qui gardait le passage de la Bidassoa à Béhobie, chaque jour il arrivait de nouveaux malheurs, et tout ce qui s'exposait à passer sans escorte était impitoyablement fusillé.

Au bout d'une demi-heure j'arrive au bas de l'église d'Irun, monument construit avec solidité, mais lourd et sans grâce, placé d'ailleurs dans l'endroit le plus malsain et le plus humide de la ville. Irun est bientôt vu. L'hôtel de ville qui occupe un des côtés de la place, est d'un bel effet ; son vaste portique soutenu par cinq belles arcades, offre un abri au peuple lors des délibérations publiques ou des nominations d'alcades, qui ont lieu dans une grande salle au-dessus. Cette salle donne sur un balcon de la largeur du bâtiment, qui reçoit les autorités de la ville, lors des cérémonies, en plein air, ou des courses de taureaux. Les rues d'Irun sont étroites et tortueuses, et la pupart des maisons présentent l'apparence de la malpropreté. Je remarque cependant parmi beaucoup de masures, quelques belles habitations. Plusieurs d'entr'elles ont leur porte décorée d'une chaîne de fer qui indique qu'elles appartiennent à une famille privilégiée du pays, ou qu'elles ont

eu l'honneur de recevoir le souverain. On assigne
à cette coutume la même origine qu'aux armoiries de Navarre, qui consistent en chaînes entrela-
cées ; et on la fait remonter au temps d'une fameuse bataille gagnée en 1212 sur les Sarrazins,
dans laquelle don Sanche, le Fort, roi de Navarre, qui commandait une partie de l'avant-
garde, brisa avec une intrépidité sans égale les
chaînes qui défendaient le camp ennemi.

Je regagne mon canot et je continue à descendre la Bidassoa ; son cours, vis-à-vis d'Irun,
est divisé par plusieurs grandes îles dont le terrain jadis inculte a été dérobé aux inondations
au moyen de digues et de batardeaux, et donne
aujourd'hui d'abondantes récoltes de maïs et de
froment. Le lit de la rivière se rétrécit au passage de l'Hôpital, ainsi nommé, parce que sur la
rive française existait autrefois l'hôpital ou prieuré
de Saint-Jacques, qui fut détruit au commencement de la révolution. De l'autre côté, sur les
premières hauteurs de la montagne de Fontarabie, s'élève un château remarquable par les deux
tours élancées qui décorent sa façade. Il appar-
tient à la famille des comtes de Torrente, une
des plus anciennes du pays. Au pied de cette
même élévation est un couvent de capucins, habité par seize bons pères, qui vivent tranquillement du produit de leurs messes et des au-
mônes qu'ils recueillent sur les deux frontières ;

car ils ne se font pas plus scrupule de quêter en
France qu'en Espagne. Leur église est grande et
assez bien décorée; mais leur couvent est fort mal-
propre. De leur jardin, qu'en dépit de sa position
escarpée sur le flanc de la montagne, ils sont par-
venus à rendre fertile et à couvrir de légumes et
d'arbres fruitiers, on jouit d'une magnifique vue
sur la mer et sur l'embouchure de la Bidassoa.

Du couvent à Fontarabie il n'y a plus que dix
minutes de chemin; je quitte mon canot et j'arrive à cette ville par une jolie chaussée qui longe
la base de la montagne. J'entre par une ancienne
porte fortifiée, qui a survécu presque toute entière aux anciens remparts dont les débris l'entourent. Jusque-là je n'ai pas encore eu l'idée
d'une ville espagnole; Irun, qui n'est qu'une espèce de village aggrandi depuis peu, ne pouvait
me la représenter; mais ici je la retrouve telle
qu'elle était il y a deux siècles, dans cette rue
sombre et étroite dont les maisons d'inégale hauteur ont des étages qui surplombent les uns sur
les autres, et des toits dont les avances de trois
ou quatre pieds, soutenues par des entablemens ri-
chement sculptés, semblent vouloir intercepter
les rayons du soleil. Toutes les fenêtres sont garnies de balcons fermés de tous côtés par un treil-
lage serré, ce qui leur donne beaucoup plus l'air
de volières que de toute autre chose. Dans cette rue
je ne crains pas d'être écrasé, ni même éclaboussé

par les voitures auxquelles une ancienne loi défend l'entrée de la ville. Je n'ai pu découvrir si
cette défense avait pour but la conservation du
pavé ou la crainte de voir arriver des accidens
par suite du peu de largeur des rues, ou bien si
elle prenait sa source dans les idées d'égalité qui
ont servi de base à la constitution du pays. Les
rues de Fontarabie, de même que celles d'Irun,
laissent voir à côté de petites maisons fort étroites et fort sales, d'autres très - vastes dont l'architecture solide et la façade ornée de sculptures
et d'armoiries, annoncent la richesse des anciennes familles de la contrée. Une grande partie de ces dernières tombe en ruines, sans qu'on
se mette en peine d'y remédier, attendu qu'elles
font partie de biens affectés à des majorats
dont les propriétaires ont ou quitté le pays ou
perdu leur fortune ; et comme ils ne peuvent ni
vendre ni aliéner ces propriétés, ils ne se sou-
cient pas d'achever de se ruiner en réparations.
On ne peut se figurer quel air de tristesse et de
solitude ces vastes bâtimens déserts et à demi-
ruinés donnent à la ville, qu'entourent dejà de
toutes parts les débris de ses anciennes fortifications. Au milieu de tous ces décombres, on voit
pourtant s'élever quelques maisons neuves, bâties
avec une certaine magnificence, mais sans goût
et presque sans art. Ce sont celles des *Indiens*,
nom qu'on donne dans tous le pays basque, aux

indigènes qui ont long-temps habité l'Amérique et reviennent s'établir dans leur patrie pour y jouir de l'aisance qu'ils ont acquise dans le nouveau Monde. Les derniers troubles de l'Amérique en ont ramené depuis peu un assez grand nombre.

Au-delà de l'église qui se trouve dans la principale rue et qui est d'une architecture plus élégante que celle d'Irun, est une place quarrée servant autrefois de place d'armes, et dont un des côtés est occupé par le château, masse énorme de pierres, qui offre partout prise à l'artillerie, et dont les hautes murailles portent encore de nombreuses marques de nos boulets. Il n'est plus habité aujourd'hui, et malgré l'épaisseur de ses murs, il tombe en ruines de tous côtés.

Les Fontarabiens se ressentent en général davantage du caractère Espagnol que les habitans d'Irun. Ils ont peine à oublier le rôle que leur ville a joué dans l'histoire, et le souvenir de ce qu'ils ont été leur inspire plus de morgue et d'amour-propre national. Il résulte de cette disposition d'esprit peu de cordialité dans leurs rapports avec les Français, que de longue date ils ont été accoutumés à regarder comme ennemis; et peut-être cette cause a-t-elle beaucoup influé sur la destruction d'Hendaye, qui, depuis l'érection de son fort, leur disputait la souveraineté de la rivière. Ils avaient en outre d'anciennes injures à venger. Je trouve dans l'histoire que l'amiral Bon-

nivet ayant pris Fontarabie en 1521, en enleva tous les habitans et les conduisit à Bayonne. Ces malheureux ne revirent leur pays que quelques années après, quoique les Espagnols eussent repris la ville en 1523. Les Français attribuant cette reprise à la lâcheté du commandant qu'ils y avaient mis, lui firent son procès et il fut solennellement dégradé à Lyon. « Deux échafauds furent dressés,
» dit la Chronique du temps, l'un pour les juges
» et rois d'armes, et l'autre pour l'accusé. Ce der-
» nier, en costume de chevalier, avait à ses pieds
» son écu brisé en morceaux, et à ses côtés deux
» prêtres en surplis lui chantaient l'office des
» morts. A la fin de chaque psaume ils faisaient
» une pause pendant laquelle les héraults d'armes
» dépouillaient le patient de quelqu'une des pièces
» de son armure, en commençant par le morion
» ou salade, jusqu'à ce qu'il ne lui en restât au-
» cune. Alors le roi d'armes répandit sur sa tête
» un bassin d'eau chaude, et les juges vêtus de
» deuil, le conduisirent à l'église, attaché sous les
» aisselles avec une corde et placé sur une civière
» couverte d'un drap mortuaire. Là, on lui chanta
» encore quelques oraisons, après quoi il fut
» mené au supplice ».

Au sortir de la ville, je descends sur la plage et j'ai devant moi le faubourg ou plutôt le village de la Madelaine, où se sont réfugiés les restes de l'ancienne marine de Fontarabie, qui ne consistent plus aujourd'hui qu'en quelques pê-

cheurs de sardines ou de thon. Je traverse à la
hâte sa longue rue, pour échapper à l'odeur de
marée et de poisson pourri qu'on y respire. Si je
veux pousser plus loin ma promenade, je suis
obligé de quitter le rivage qui est tout encombré
de débris de rochers et que la mer recouvre aux
heures de marée. Je gravis la montagne qui n'est
plus guère élevée, et j'arrive après une demi-
heure de marche au petit fort de Higuera, situé à
l'extrémité de la montagne à l'endroit où elle se
perd dans la mer. Ce petit fort fut construit en 1598
par Philippe II, pour mettre un terme aux déprédations des pirates qui infestaient le fond du
golfe. Il a pu contenir autrefois 100 à 150 hommes
de garnison, mais l'intérieur est en si mauvais état
aujourd'hui, qu'il y reste à peine de quoi loger
un invalide et sa famille qui sont seuls chargés
de la garde de la place. Quoique cette masure ne
puisse absolument servir à rien, qu'on se garde
cependant de croire que les Espagnols n'y attachent
aucune importance, et surtout qu'on ne s'avise pas
de vouloir en prendre le croquis; on apprendrait
bientôt à ses dépens ce qu'il en peut coûter,
ainsi que je l'éprouvai moi-même dans une ex-
cursion que j'y fis dernièrement avec un de mes
amis. J'avais tiré mes tablettes pour copier l'inscription latine placée au-dessus de la porte d'entrée, cela parut suspect : on s'imagina que je le-
vais le plan de la citadelle; cependant on ne dit
rien d'abord, l'invalide n'était pas là, et pour peu

qu'on eût voulu nous faire un mauvais parti,
nous étions hommes à nous rendre maîtres de la
place et à faire prisonnière de guerre la garnison,
qui n'était pour lors composée que d'un garçon
de vingt-ans et d'une jeune fille de quinze. On
nous laisse donc partir; mais à peine sommes-nous
dehors que la moitié de la garnison se détache
et court à toutes jambes à Fontarabie pour avertir
le commandant de ce qui se passe et du danger
imminent qui menace le fort. On dépêche de suite
après nous trois invalides armés jusques aux
dents, avec ordre de nous ramener morts ou vifs.
Pendant que cet orage se formait sur nos têtes,
nous avions continué à longer la côte de l'autre
côté de la montagne, nous proposant de regagner
ensuite directement la crête et de visiter en passant l'ermitage de la Guadeloupe, qui est l'objet
de la vénération des habitans d'alentour, qu'on y
voit arriver en foule à certains jours de l'année.
Comme nous ne connaissions pas le chemin, nous
allions droit devant nous sans suivre aucune route,
ce qui dépista tellement nos alguazils, qu'ils cou-
rurent pendant plus de trois heures sans pouvoir
nous rejoindre; ce ne fut qu'à un quart de lieue
de Fontarabie que, par le plus grand hazard du
monde, ils nous rencontrèrent, au moment où
désespérant du succès de leur expédition, haras-
sés de fatigue et de chaleur, ils regagnaient leurs
pénates en nous donnant à tous les diables. Heureusement nos figures étaient connues dans le

pays et ils virent bien qu'ils n'avaient fait qu'une mauvaise capture. Il fallut pourtant exécuter les ordres reçus, et nous fûmes ramenés avec tous les honneurs de la guerre, au commandant qui nous attendait en grand costume et qui nous reçut avec de bruyans éclats de rire, que nous répétâmes aussitôt pour lui prouver que nous ne lui gardions pas rancune, et l'histoire finit par un *refresco* (collation) que le vainqueur offrit aux vaincus.

De Fontarabie à Hendaye, le trajet a lieu ou par eau pendant la marée, ou à gué, lorsque la mer est basse, en traversant seulement en bateau le lit de la rivière qui ne demeure pas à sec. D'après ce que j'ai dit d'Hendaye, vous devez juger qu'on ne peut y séjourner long-temps; la tristesse ne tarderait pas à y gagner l'esprit le moins susceptible d'impressions mélancoliques. Il faudrait l'imagination d'un *Young* pour se plaire au milieu de cette malheureuse ville abandonnée maintenant aux ronces et aux herbes sauvages, et dont les rues, qu'on retrouve encore toutes entières dans cette longue suite de murailles qu'a respectées l'incendie, ne présentent plus aujourd'hui qu'une ombre de cité. Le fort qui était sur une petite hauteur à une portée de fusil de la ville, a été entièrement détruit; il n'en reste qu'un amas de décombres disséminés par l'effet de la mine. Je me suis souvent demandé comment les bienfaits du gouvernement, qui ont tant de fois atteint les victimes de nos guerres, ne sont jamais venus jusqu'à Hendaye qui a tant souffert et depuis si long-temps. D'autres communes du département ont été indemnisées des pertes qu'elles avaient faites, et Hendaye, soit en raison de l'époque de ses malheurs, soit à cause de son éloignement des autorités, soit enfin parce que personne n'a élevé la voix en sa faveur, Hendaye a toujours été oubliée dans les distributions. Qu'un de nos princes n'a-t-il eu l'occasion de visiter ces parages désolés? Que n'a-t-il reçu l'impression de ce spectacle de malheur et de misère, et les larmes des Hendayois n'auraient pas inutilement coulé depuis trente ans!....

La seule ressource des Hendayois consiste aujourd'hui dans la culture des terres peu fertiles de leurs environs, et dans la pêche du saumon dont la Bidassoa abonde pendant les six premiers mois de l'année. Cette pêche qui leur est commune avec Béhobie et un autre village riverain, a depuis long-temps été un sujet de haine et de division entre les Français et les Espagnols, à cause des droits que chaque nation prétend avoir sur la rivière à l'exclusion de l'autre. Tous les ans ils étaient sur le point d'en venir aux mains, lorsqu'enfin las de tant de discussions qui n'avaient abouti à rien, ils se sont avisés de s'associer ensemble et de partager le produit. Ce moyen, qu'ils auraient dû employer quelques siècles plutôt, a ramené la tranquillité et la concorde.

La pêche du banc de Terre-Neuve offre encore aux Hendayais un moyen d'existence, et, ne pouvant plus aujourd'hui armer de bâtimens pour aller prendre la morue, ils envoyent tous les ans leur jeunesse à St-Jean de Luz et à Bayonne pour faire partie des équipages des navires qu'on expédie pour cette pêche.

Le chemin pour revenir d'Hendaye à Béhobie, est beaucoup plus court par terre que par eau, à cause des détours que fait la Bidassoa ; c'est aussi celui que je prends de préférence, d'autant qu'il me donne l'occasion de passer au chateau de M. Z...... qui est aux portes d'Hendaye et où je trouve l'accueil le plus cordial. M. Z........ est neveu du marquis d'Irandas, qui fut un moment ministre de Charles IV, et de qui il a hérité une fortune considérable, dont une partie lui a échappé dans des spéculations commerciales que les malheurs de la guerre sont venus contrarier. Quoique né Espagnol, un long séjour dans les principales villes de France, lui a donné tout-à-fait l'aisance et l'urbanité française. Retiré des affaires, il vit aujourd'hui en philosophe, passant à la campagne toute la belle saison, et l'hiver au milieu de sa famille à Hernana, petite ville du Guipuscoa. Dans la solitude où je suis confiné, un tel voisinage m'est d'une grande ressource, et il ne se passe guère de semaines en été sans que je ne fasse le quart de lieue qui sépare Béhobie du château d'Irandas.

Mais il est temps que je reprenne haleine. Dans ma première lettre je parlerai du caractère des Basques et de leurs usages.

TROISIÈME LETTRE.

Béhobie, le......1819.

Sɪ on voulait juger du caractère des Basques
d'après leur histoire; si, en voyant leur pays en
proie depuis tant de siècles aux dévastations de la
guerre et eux-mêmes continuellement occupés à se
défendre contre les usurpations des grandes puis-
sances qui les avoisinent, on en concluait qu'ils
ont puisé dans cette longue suite de malheurs un
caractère sombre et sauvage, qui doit répandre
sur leurs habitudes et même sur leurs plaisirs une
teinte de tristesse et de méfiance, on s'exposerait
à se tromper grandement. Le caractère basque a
prévalu; il a surmonté toutes ces épreuves, et de
même que leur langage et leurs coutumes primitives, il a survécu à tant de révolutions. C'est ce
caractère mêlé d'insouciance et de courage, c'est
cet orgueil national poussé au plus haut degré,
qui leur a donné la constance nécessaire pour sup-
porter leurs revers sans se plaindre, et leurs succès
sans en être éblouis. Fier de son nom et de son
origine qu'il fait remonter aux Cantabres in-
domptés et jusqu'aux premiers habitans de l'Espagne, le Basque se vante d'avoir traversé les siècles
de la puissance romaine sans avoir subi son joug, et
même d'avoir échappé à l'influence qu'elle exerçait
sur les mœurs des peuples qu'elle n'avait pu soumettre à sa colossale domination. J'ai déjà fait

connaître (1) l'origine de telles prétentions; mais qu'elles soient fondées ou non, on ne peut se défendre à ce sujet d'une sorte de prévention favorable, tirée de l'originalité de leurs mœurs, de cette constance avec laquelle ils ont conservé les institutions qu'ils avaient reçues de leurs pères, et surtout de cette haine de toute innovation, qui n'existerait pas si elle n'avait été cimentée par le temps, sans parler ensuite de leur langue dont l'ancienneté semble prouvée si naturellement par le peu de rapport qu'elle a avec les autres langues vivantes et par l'obligation où ils se sont trouvés d'y introduire des mots français et espagnols, pour exprimer les objets d'invention moderne. Il n'est pas jusqu'au type de leur physionomie et la régularité de leurs traits qui ne dénotent une origine plus pure et moins altérée par le mélange du sang et le croisement des races, que celle des autres peuples, et qui ne semblent se rapprocher davantage du type primitif de la figure humaine.

Tels on voit les Basques aujourd'hui, tels ils durent être autrefois, vifs, gais, passionnés pour l'indépendance et pour le plaisir, idolâtres par-dessus tout de leur pays qu'ils passeront leur vie à regretter si le sort les a fixés sur des plages lointaines. Cet amour de la patrie qui dans les temps antiques en a fait si souvent des héros, en a fait quelquefois de nos jours d'assez mauvais soldats,

(1) Voyez page 1 et suiv.

par la peine qu'on avait de les retenir sous leurs
drapeaux. Braves chez eux et toujours prêts à re-
pousser par les armes les empiètemens que les
Espagnols ont fréquemment tenté de faire sur leur
territoire, on les a toujours employés avec succès
dans les guerres contre cette puissance, lorsqu'il a
été question de défendre leurs frontières; mais une
fois expatriés, le dégoût les prend, le mal du pays
les tourmente, et ce n'est qu'avec beaucoup de
peine qu'ils résistent à la tentation de déserter.

Ce que je dis ici des Basques en général, se rapporte plus particulièrement à ceux du pays de Labourt, que j'ai été à même d'observer davantage
pendant les deux ans que j'ai séjourné au milieu
d'eux. Mais les traits principaux qui caractérisent
cette nation sont trop fortement prononcés pour
n'être pas communs, à de petites nuances près, à
tous les individus qui la composent. Peut-être
seulement ceux de la Soule, dernière vallée du
pays basque en remontant vers l'est, se rapprochent-
ils un peu plus des Béarnais, dont ils sont voisins
et avec lesquels ils ont des communications jour-
nalières.

C'est le jour d'une fête locale qu'il faut voir les
Basques déployer leur gaîté naturelle, pousser
leurs cris de joie et ces gloussemens prolongés
dont ils font retentir au loin leurs montagnes.
C'est alors qu'il faut voir leurs danses, leurs sauts,
leurs jeux et l'ardeur avec laquelle ils se livrent
au plaisir. Les jeunes gens vêtus du costume leste

qui leur est propre, coiffés du *béret* bleu qu'ils ne quittent jamais, les cheveux tombant en boucles sur leurs épaules et sur leur cou nu, habillés d'une petite veste ordinairement bleue, quelquefois rouge, et d'un pantalon de nankin ou de drap d'une couleur foncée, les reins ceints d'une écharpe de soie ou de laine écarlate, et les pieds chaussés de l'*espartille* (1) ou soulier de corde qui rappelle la chaussure romaine et qui leur donne tant d'avantage pour gravir leurs montagnes; les jeunes filles à la taille élancée et svelte, aux yeux noirs et brillans, vêtues de blanc autant que possible, le front recouvert d'un mouchoir coquettement noué sur l'oreille, et montrant dans toute leur toilette une propreté et un goût qui ferait honneur à bien des petites maîtresses de nos villes. L'orchestre a donné le signal; il est composé pour l'ordinaire d'un violon ou d'une flûte à trois trous (*chirola*) qui se joue d'une main, tandis que le musicien s'accompagne de l'autre sur un tambourin ou sur une espèce de tympanon qu'il frappe avec un petit bâton pour marquer la mesure. On se mêle, on forme des quadrilles; la force et la santé brillent sur tous les visages et la joie règne partout.

Dans l'intervalle des contredanses, les hommes se réunissent pour former entr'eux ce qu'ils appellent le saut basque, danse vraiment nationale et qui doit remonter à des temps reculés. Là, le

(1) De *esparto*, jonc.

béret sur la tête et le bâton à la main, ils dansent en rond sur un mouvement très-vif, tournant sur eux-mêmes de côté et d'autre, sans jamais s'arrêter jusqu'à ce qu'enfin la fatigue les contraigne de cesser.

Ceux qui ne prennent pas part à la danse jouent à la paume, et la paume est pour les Basques ce qu'étaient les spectacles pour les Romains, ce que sont aujourd'hui les théâtres pour les habitans de Paris, les courses de chevaux pour les Anglais et les combats de taureaux pour les Espagnols. C'est chez eux une véritable passion qui l'emporte même souvent sur la danse. Aussi excellent-ils dans cet exercice et chaque village a-t-il son jeu de paume aussi obligé que son église. Les grandes communes en ont même jusqu'à deux ou trois qui ne chôment jamais les jours de fête. Avec quel intérêt les parties ne sont-elles pas suivies, surtout quand il y a défi entre les habitans des deux frontières et qu'il se trouve à la tête des joueurs quelqu'un des illustres du pays; on vient alors de huit à dix lieues, tant d'Espagne que de France, pour en être témoin; des paris considérables sont ouverts et il naît quelquefois des disputes qui finissent par ensanglanter la scène.

Un autre jeu non moins fatiguant qu'ils affectionnent beaucoup, mais plus encore le Basque espagnol que le français, c'est celui de la barre, qui consiste à lancer le plus loin possible une barre

de fer fort lourde qui doit retomber d'une certaine
façon. Je les ai vus souvent passer des heures entières à cet exercice qui aurait au bout de vingt
minutes mis sur les dents un habitant de nos
plaines. Ils se servent ordinairemnt pour ce jeu
d'un de ces énormes leviers de fer qu'on employe
à soulever les grosses pierres et les plus lourds
fardeaux. On peut se figurer quelle force de bras
est nécessaire pour les lancer à une distance de 25
ou 3o pas, ainsi que cela leur arrive. Charles IV
excellait, dit-on, au jeu de la barre, auquel il se
livrait souvent et passait pour y être un des plus
forts de son royaume : heureux si son caractère
avait répondu à cette force physique !

Ce goût des Basques pour les exercices violens,
les courses qu'ils font journellement dans leurs
montagnes, dont ils s'acquittent avec une légèreté
qui est passée en proverbe, la vie toujours labo-
rieuse et agitée qu'ils mènent, doivent nécessairement influer sur leur tempérament et leur donner cette vigueur de corps que les anciens devaient
aux exercices du gymnase et nos ancêtres à l'éducation chevaleresque. Le Basque est généralement
de belle taille, musculeux et bien découplé. Il
est rare de voir parmi eux un homme contrefait
ou même ventru, et encore plus rare d'y voir une
figure ignoble. Ce qui le distingue éminemment,
c'est cet air de confiance en lui-même, cette dé-
marche assurée qui vient se joindre aux belles

proportions du corps. Combien de fois n'ai-je pas été frappé de la pose académique d'un Basque conduisant sa charette bouvière, soit que la chaleur de l'été et les rayons ardens du soleil le forçassent à quitter sa veste, dont il se drape alors comme d'un petit manteau espagnol, soit qu'un de ces grains d'orage si fréquens dans les Pyrénées, l'obligeât d'avoir recours à sa cape d'étoffe grossière, que je ne puis mieux comparer pour la forme qu'à la dalmatique d'un diacre à laquelle on aurait adapté un capuchon pointu et dont les épaulières auraient été prolongées jusqu'aux poignets. Dans cet équipage, il marche la tête haute à trois pas devant ses bœufs, vers lesquels il se retourne de temps à autre pour leur parler; en même-temps il les menace de son aiguillon qu'il tient en l'air le bras tendu, à peu près de la même manière qu'on représente dans un tableau un général d'armée, l'épée à la main à la tête de sa troupe. Dans ces occasions sa force lui devient souvent nécessaire. Sa voiture vient-elle à s'engager dans une de ces profondes ornières qui se rencontrent à chaque pas dans les détestables chemins du pays, et menace-t-elle de verser, il se porte du côté où elle penche et prêtant l'appui de son épaule à la charge prête à tomber, il la soutient jusqu'à ce que le mauvais pas soit passé. Dans les montées et les descentes rapides, il se place derrière sa charette qu'il pousse ou qu'il retient de toute la force de son bras suivant l'occurrence. Ces charettes d'un usage général dans tout le pays basque, portent huit à neuf quintaux dans la montagne et douze à treize sur les grandes routes. En voyant dans les commencemens leur grossière structure, qui ne consiste qu'en un assemblage de trois pièces de bois, dont l'un se prolonge en timon et que soutiennent deux roues pleines fixées à un essieu également en bois qui tourne avec elles, je crus voir une nouvelle preuve de la tenacité du Basque et de sa constante opiniâtreté à suivre ses anciennes habitudes, qui lui faisait préférer à toute idée de perfectionnement ces voitures informes, quelques imparfaites qu'elles pussent être et quelque gênant qu'en fût l'usage, et cela parce qu'il en était ainsi du temps de ses ancêtres; mais après quelque mois de séjour dans le pays, quand j'eus parcouru les montagnes et fait connaissance avec les chemins, je revins de mon opinion et je reconnus la nécessité de se servir de ces voitures plutôt que de toute autre. Des roues plus légères et à rayons comme les nôtres se briseraient mille fois au milieu des fragmens de rocher qui encombrent les chemins et des profondes ornières qui les sillonnent, tandis que celles-ci, d'une seule pièce, présentent, par l'épaisseur qu'elles ont au centre, une résistance bien plus considérable. D'un autre côté les extrémités qui vont toujours en s'amincissant sont revêtues d'un fer presque coupant, qui péné-

tre assez avant dans le terrain pour retenir la voiture dans les descentes rapides et l'empêcher d'être
précipitée. Il n'est pas jusqu'à l'usage où ils sont
de ne jamais graisser leur essieu qui, comme je
l'ai dit, ne fait qu'un avec les roues, qui n'ait aussi
sa double utilité, tant à cause de la résistance plus
forte qui en résulte dans les descentes, que parce
que le bruit aigre et discordant produit par le
frottement s'entendant de plus d'une lieue à la
ronde, les avertit de ne pas s'engager en même-
temps dans leurs chemins creux et étroits où il
serait impossible de passer deux, s'ils venaient à
s'y rencontrer.

Je ne puis pas expliquer d'une manière aussi sa-
tisfaisante pourquoi dans la partie du Labourt qui
confine à l'Espagne et plus encore dans le Guipuscoa, beaucoup de paysans se servent, au lieu de
charrues, de fourches à deux dents pour labourer
la terre, et doublent ainsi la besogne et la fatigue
sans grande utilité apparente. Quatre hommes armés à chaque main d'une de ces fourches, dont les
dents ont de 18 à 20 pouces de long et sont garnies d'un manche de bois très-court, se mettent
en ligne, lèvent à la fois leurs instrumens et en
donnent ensemble un grand coup en terre, qui
les fait entrer aussi profondément que possible,
après quoi appuyant le pied dessus et rame-
nant la fourche à eux, ils enlèvent un très-gros
morceau de terre; cela fait, ils gagnent un peu de

terrain sur le côté et recommencent. On ne peut disconvenir que par ce mode de culture la terre ne soit peut-être remuée plus à fond ; mais outre l'horrible fatigue qui en résulte, je doute que quatre hommes ( car ils se mettent ordinairement à quatre pour travailler de la sorte ) fassent dans leur journée autant d'ouvrage qu'un seul avec une charrue, et il me semble que ce moyen devrait être réservé pour les terres très-dures, ou pour celles dont la pente est telle que l'usage de la charrue y est presque impossible.

Mais ramenons le Basque au sein de ses plaisirs et de ses jeux, et voyons dans de pareils momens se déployer sa brillante imagination. Souvent au milieu de la joie d'un repas, lorsque sa gaîté naturelle, encore excitée par le vin et la bonne chère, est parvenue à ce point de vivacité où l'homme semble ne plus tenir à l'existence que par le plaisir, un des convives se sent inspiré ; il se lève ; le tumulte cesse ; le plus profond silence s'établit, et d'acteurs bruyans qu'ils étaient, ses compagnons sont tout à coup devenus auditeurs attentifs. Il chante ; les stances se succèdent ; la poésie découle naturellement de ses lèvres. Son chant est grave et mesuré ; air, paroles, il trouve tout sans chercher, et sa riche imagination lui fournit sans cesse de nouvelles idées, soit qu'il ait pris pour sujet les louanges de chacun de ses convives, soit que la chronique du pays ait servi de texte à ses chants. Il chantera ainsi des heures entières. Mais un autre se sent inspiré à son tour ; une espèce de combat pastoral s'engage, la scène n'en devient que plus intéressante. Elle s'anime encore plus lorsque la danse vient s'y mêler et former une sorte d'accompagnement aux paroles. Les deux rivaux chantent en dansant tour à tour ; les pas sont adaptés à la chanson ; c'est à qui fera les plus jolis et les plus difficiles sans jamais manquer à la mesure, ni s'éloigner de l'esprit du morceau. Quand la fatigue les a forcés de s'arrêter, l'aréopage prononce, et celui-là est proclamé vainqueur dont les chants et la danse ont fait plus d'impression sur l'auditoire.

Je me trouvais un jour à Espelette, gros village du pays de Labourt, à trois lieues de Bayonne, pendant le tems de la fête. La journée avait été des plus brillantes et des plus bruyantes. Aux cérémonies religieuses auxquelles les Basques ne manquent pas d'apporter toute la pompe et le recueillement possibles, avaient succédé la danse, la paume et tous les plaisirs d'usage. Les sauts basques et les contredanses avaient été suivis de la *farandole* qui ne se danse que dans les grandes occasions. Une longue file de danseurs et de danseuses se tenant par le bout de leurs mouchoirs, avait parcouru les rues du village, précédée du *chirola* et du tambourin. Celui qui conduisait la file ( le roi de la tête) et le dernier de tous ( le roi de la queue ) faisaient tous les frais de la danse ; de temps à autre le cortége s'arrêtait pour leur laisser le loisir de montrer leur savoir faire, et alors ils s'évertuaient à qui mieux mieux, à la grande satisfaction de tous les assistans, qui les admiraient dans le même recueillement silencieux avec lequel ils avaient assisté au service divin et écouté les chants d'improvisation. Leur danse ne brillait pas beaucoup par la grâce et le fini des pas, un mouvement perpétuel de jambes et de pieds faisait le fond de leur talent, qui certes devait bien peu de chose à l'art; mais au moins ne pouvait-on leur refuser beaucoup de légèreté et une grande précision de mesure, qualités qui ne sont pas toujours celles de nos danseurs de salon.

La nuit avait mis fin à ces divertissemens; la place et les rues, devenues presque désertes, n'étaient plus fréquentées que par quelques groupes d'hommes qui sortaient des cabarets et se retiraient chez eux, en poussant de temps à autre de ces gloussemens prolongés si familiers aux Basques, auxquels répondaient d'autres cris semblables qui partaient de l'intérieur des maisons, et attestaient que d'autres moins sobres se proposaient de fêter la bouteille une partie de la nuit. De retour à l'auberge, nous n'avions pas voulu nous retirer de suite, et nous étions restés sur la porte pour jouir encore quelque temps de la fraîcheur du soir et de la beauté de la nuit, lorsque notre attention fut attirée par des chants plus doux et d'un caractère tout autre que ceux que nous venions d'entendre. Ils partaient de l'extrémité de la rue. Nous nous y rendîmes, et nous vîmes un groupe nombreux de jeunes gens au milieu desquels un individu chantait des stances qu'il paraissait adresser à un troupeau de jeunes filles, rassemblées sous cet espèce de vestibule extérieur que le paysan basque manque rarement de laisser au rez-de-chaussée de sa maison. La rue toute entière séparait les deux groupes, sans qu'aucun de ceux qui les composaient parut chercher à franchir cet intervalle et à se rapprocher. Les jeunes filles reprenaient à la fin de chaque stance, et chantaient en chœur une sorte de refrain. Pendant ce temps le chanteur rappelant ses idées trouvait dans sa tête basque le sujet d'un autre couplet, auquel on répondait de la même manière. Combien je regrettai alors de ne pas comprendre assez la langue pour retenir quelqu'une de ces improvisations, car ces chants n'étaient pas plus préparés que ceux qui avaient été inspirés par la gaîté du repas. Je voulus en vain me procurer après coup de ces paroles. Les auteurs eux-mêmes les ont oubliées avant qu'ils aient cessé de chanter, et celles qu'ils pourraient vous donner ne seraient déjà plus les mêmes. Cependant pour donner une idée de la poésie basque, je transcrirai ici deux des chansons connues du pays, avec leur traduction aussi littérale que possible. On verra si elles ont la moindre ressemblance avec nos chansons de paysans.

(1) Isat batec cerutic claritates betheric
Gauras ire arguicendu berce ororen gainetic,
Dudatcen dut baduyenetz mundu unitan pareric.

---

Isar harren beguya, ainda charma garria
Coloriac churi gorri perfectionnes bethia
Eria ere senda diro harren beguy tartiac.

---

Uso churia erraçu norat gaten cira çu
Espainiaco mendiac oro elurres bethiac ditut çu
Gaurco çure ostatu gure etchian baduçu.

---

Es nau islitcen elurrac es eta ere gau ilunac
Çure gathis pacanitsaque gaurac eta egunac.
Gaurac eta egunac desertuyan oyanac.

---

Usua eder aidian ederrago mahaian
Cure parérican es du Espainia gucian
Es eta ere Francian egusquiaren aspian.

---

Erinu çu biotcis erraiten saitut bi itxes
Sucat malinac arturic nago etsin tusquedan beldurres
Charma garria sendanesaçu il esnadin dolores.

---

(1) Je ne garantis pas l'orthographe de ces couplets. Bien peu de Basques sont assez versés dans leur langue pour l'écrire correctement, et celui de qui je les tiens, n'en savait pas plus là-dessus que la plupart de ses compatriotes.

Une étoile pleine de clarté brille la nuit au-dessus des autres ; je doute qu'elle ait sa pareille dans le monde.

———

Son œil est rempli de charme , sa couleur blanche et rouge , elle a toutes les perfections; son regard guérirait un malade.

———

Blanche colombe , dis-moi , où vas-tu? les montagnes d'Espagne sont couvertes de neige ; tu trouveras pour aujourd'hui un asile sous mon toit.

———

Ni la neige, ni la nuit ne me font peur; pour mon ami, je passerais les nuits et les jours , je traverserais les bois et les déserts.

———

L'oiseau en l'air est beau , mais bien plus encore quand on le tient. Ton pareil existe-t-il dans toute l'Espagne , dans toute la France , et même sous le soleil?

———

En deux mots , j'ai le cœur malade; la fièvre me dévore de crainte de ne pas vous posséder; guérissez-moi , ma charmante amie , si vous ne voulez pas que je meure de ma douleur.

## BERCIA.

Urac harria bolatcen
Urriac silarra dù doratcen;
Ni maite nu arranganat yuaiten
Neure penac ari erraiten
Certaraino couan dudan suffritcen
Guero harrec bainu consolatcen.

———

Ene maitia, orai nic
Nahemique yaquin çure ganic
Cere cerabilsan orrela tristaturic?
Çuré so estiac oro galduric
Alla baduçun beldur çunduric
Maitatcen dudan çutas berceric

———

Balin banago tristeric
Esmagoçu arraçoin gaberic
Lurrian sartunaduçu biciric.
Biras cerc eguinen deraut placerie
Galdus guerostican bistutic
Maite bat soinac es baitu pareric.

———

Arrosac eder ostua
Lurraren barnian du errua,
Ussaina gocho isanagathi
Mudatcen da gaichua,
Yendiec eer nahi erran nagathi
Nic çure çat amodioa.

AUTRE.

L'eau fait rouler les pierres, l'or dore l'argent ; je vais chez celui qui m'aime lui raconter mes peines, lui dire combien je souffre, pour qu'il me console.

———

Ma chère amie, dites-moi ce qui vous rend triste ; pourquoi vos regards ne sont-ils plus si doux ? Craindriez-vous que j'en aimasse une autre ?

———

Si je suis triste, ce n'est pas sans raison ; autant vaudrait pour moi ne plus exister ; quel plaisir pourrais-je encore goûter après avoir perdu un ami qui n'avait pas son pareil.

———

La rose a la feuille belle, mais sa racine est dans la terre ; son parfum est bien doux, mais elle le perd à la fin ; au lieu que mon amour pour toi, quoiqu'en dise le monde, ne changera jamais.

Il y a dans ces chants je ne sais quoi de doux et de mélancolique qui respire la passion la plus délicate. On n'y trouve rien de grossier ou de trivial ; aussi la chanson du pauvre est-elle en même temps celle du riche, et écoutée dans l'habitation du cultivateur le plus aisé avec autant de plaisir que dans la plus humble cabane. Il semble que la nature, non contente d'avoir doué les Basques d'une riche imagination, ait encore voulu leur donner le goût nécessaire pour en régler les élans ; car il ne faut pas croire que leur poëte, comme celui des autres nations, doive son talent à son éducation ou à ses études. Tout est naturel chez lui, et pour l'ordinaire, de même que la plupart de ses compatriotes, à peine sait-il lire et écrire.

Mais ce n'est pas seulement dans les poésies basques que cette hardiesse d'idées et ce style figuré se font remarquer ; on les retrouve souvent dans leur conversation, et l'on pourrait citer d'eux des réponses aussi remarquables par leur tournure originale que par la force d'expression. Un Cantabre répondit un jour à Auguste, qui l'interrogeait sur son pays : « Nous n'avons pas de » mines d'or pour être vos tributaires, mais nous » avons assez de fer pour vous résister et punir » votre infatigable ambition ». Il y a peu de temps qu'un étranger se trouvant à Hendaye ( c'était depuis le désastre de cette malheureuse ville ), et

voyant ses rues désertes, ses maisons en ruines et son port envahi par les sables. « Qu'est donc
» devenu Hendaye, disait-il à un vieux Basque
» qui lui rappelait les beaux temps de son pays,
» que sont devenus ces hardis marins qui les
» premiers osèrent attaquer la baleine dans les
» mers du nord, et remplirent le monde du bruit
» de leur audace ? — Allez à Ameschpilbaïta,
» répondit l'habitant des ruines avec dignité ; là
» vous trouverez les uns ; quant aux autres, ils
» sont dans le grand champ qui est au delà de
» l'église ». Ameschpilbaïta (1) était une maison

---

(1) Toutes les maisons dans le pays basque ont un nom particulier qui les distingue, et qui, pour l'ordinaire, est tiré de leur position, de leur structure, mais plus souvent encore du nom de leur propriétaire. *Ameschpilbaita*, veut dire chai d'Ameschpil ; *Martinenia*, propriété de Martin ; *Bidegain*, proche du chemin ; *Etcheberria*, maison neuve, etc. Cette coutume vient probablement de ce qu'anciennement et sans doute par suite des habitudes guerrières de la nation, les villages basques ne formaient pas, comme les nôtres, une réunion d'habitations rapprochés les unes des autres, mais étaient composés de maisons isolées et placées, autant que possible, sur un endroit élevé, ce qui en faisait autant de petites forteresses d'où ils voyaient venir de loin leurs ennemis, et où ils pouvaient même se défendre au besoin. Il existe encore dans le pays basque beaucoup de villages ainsi disposés.

en face du cimetière, et le grand champ était la mer.

Il semblerait qu'un pays où la nature se présente sous de telles formes devrait être une espèce de terre promise, et qu'on devrait s'y plaire plus que partout ailleurs. Qu'on ne s'y trompe pas cependant ; l'étranger y sera long-temps étranger, et s'il s'accoutume sans peine au pays, il se passera un long-temps avant que le pays né s'accoutume à lui. Le Basque ne s'attache pas facilement ; placé hors de la sphère ordinaire par ses murs antiques et par sa langue originale, séparé moralement du reste du monde avec qui il n'a que des rapports passagers, il a moins besoin des autres que qui que ce soit, et il voit toujours avec une sorte de méfiance l'étranger s'établir chez lui, quoiqu'il soit trop fier pour le craindre. Il ne cherchera ni à le desservir, ni à lui faire aucun mal ; mais il ne sera pas prévenant à son égard, il n'ira pas se jetter au devant de lui pour lui offrir ses services ; il se gardera surtout de ces airs humbles et serviles que presque partout le pauvre affecte à l'égard du riche, car il n'est peut-être pas de pays ou l'inégalité des fortunes et des conditions soit moins sentie dans les rapports habituels de la vie ; un Basque ne verra jamais dans un autre homme qu'un égal, et quand il lui parlera, ce sera toujours en conservant son attitude libre et le sentiment de sa dignité d'homme. Enfin il ne promettra rien à l'étranger, parce qu'il veut être maître de ce qu'il tiendra, et ce ne sera qu'à la longue qu'il s'accoutumera à le voir; mais une fois cette première prévention passée, s'il a reconnu en lui les qualités qui commandent l'estime, il lui sera dévoué et fera au besoin pour lui plus peut-être qu'il n'aurait fait pour un compatriote.

L'indépendance qui fait le fond d'un semblable caractère, la constance du Basque dans ses idées, doit naturellement donner chez lui naissance à d'autres qualités. Serein et calme dans la misère, il craint peu l'avenir, parce qu'avec la vie frugale qu'il mène, la charité qu'il est sûr de rencontrer chez ses compatriotes, et à laquelle il n'aura recours qu'à la dernière extrémité, il a la certitude que le peu dont il a besoin ne lui manquera jamais. Combien ai-je vu de pauvres familles, qui bien certainement n'avaient pas cinquante écus à dépenser par an, atteindre tranquillement le bout de l'année sans avoir réellement senti le besoin. Leur champ de maïs, les légumes de leur jardin, le lait de leur vache, une petite provision de lard qui ne leur coûte rien, puisque le plus pauvre ménage a son cochon, une barique de *pittara*, espèce de cidre qu'ils font en jettant de l'eau sur des pommes pilées, et quelque peu de poisson sec qu'ils se procurent en Espagne presque pour rien, voilà de quoi vivre pendant l'année. Les ap-

prêts du festin ne sont pas plus dispendieux que
les mets dont il se compose. Une tranche de pain de
maïs rôtie ou bien une galette faite avec de la farine de ce même maïs, une soupe aux légumes
dans laquelle force piment se fait sentir, une sar-
dine ou un peu de morue salée qu'on jette sur les
charbons, qu'on bat ensuite avec les pincettes
pour en ôter les cendres et qu'on arrose d'une
huile rance qu'on retire quelque fois de la lampe,
un morceau de lard passé dans la poële, force
tomates dans la saison, tel est le fond de la cuisine basque, et c'est à quoi se borne le savoir faire
de la plupart des ménagères du pays.

Mais un convive se montre-t-il ? Une occasion
telle qu'une noce, une fête, un baptême, vient-
elle à se présenter ? alors la frugalité habituelle
est oubliée ; si pauvre que soit un Basque,
il faut qu'il fasse les honneurs de chez lui et qu'il
remplisse largement les devoirs de l'hospitalité.
Quand même il serait le plus avare des hommes,
son amour propre mis en jeu ne lui permettrait
pas de reculer. Des tasses de chocolat sont of-
fertes aux arrivans ; un dîner copieux est servi ;
le *pittara* est remplacé par le vin et l'eau-de-
vie, et dans l'intervalle des repas on fait circuler
des *espongas*, espèce de sucrerie espagnole qu'on
met fondre dans un verre d'eau. Les économies
de six mois ou d'un an sont quelquefois dévo-
rées en un jour : heureux encore si l'on ne s'est
pas endetté !

J'ai entendu citer à Saint-Jean-de-Luz des noces dont le repas avait coûté vingt-cinq louis, tandis que la dot de la mariée s'élevait tout au plus à mille francs. Dans certains cantons, ce n'est pas seulement pour les époux que la chose est coûteuse, les parens et amis sont obligés de contribuer à la dépense par les cadeaux qu'on est dans l'usage de faire. Il m'est arrivé quelquefois de rencontrer un cortège qui se rendait à une noce précédé du *chirola* et du tambourin, et conduisant en triomphe un veau ou un mouton orné de rubans et destiné à satisfaire la voracité des convives. Les jeunes filles venaient ensuite, parées de leurs plus beaux atours et portant sur leur tête des corbeilles qui contenaient divers mets, des pâtisseries, du vin, etc. Il faut dire aussi que dans ces occasions le Basque se montre aussi hardi mangeur qu'il est possible de l'imaginer; il semble que comme le chameau du désert quand il a une longue course à fournir, il veuille se précautionner contre la faim à venir. Je connais entr'autres personnes de bon appétit un habitant d'Irun, cité dans le pays pour avoir mangé un jour à son déjeuner un saumon de seize livres, aidé seulement d'un de ses amis. C'était, il est vrai, à la suite d'un pari; mais je doute d'autant moins de la vérité du fait, que me trouvant à dîner avec ce même individu, on lui mit en plaisantant sur son assiette un gros canard, qu'il dévora tout entier en moins

de temps que j'en aurais mis à en manger une ai-
guillette, et le tout sans préjudice du reste du dîner.

La piété peu éclairée des Basques doit nécessairement être mêlée de beaucoup de superstitions et
les rendre accessibles à toutes ces idées populaires
qu'on retrouve chez presque tous les paysans des
provinces un peu isolées, telle que la croyance aux
revenans, sorciers, possedés du démon, etc. On en
a assez dit sur ce sujet pour que je n'y revienne pas.
Je ne parlerai que d'un usage qui s'accorde mal
avec l'humanité que je retrouve d'ailleurs dans leur
caractère; c'est l'habitude où ils sont de ne plus
s'occuper de leurs malades quand ils ont reçu les
derniers sacremens. Ils croyent probablement qu'a-
lors rien ne manque au moribond pour faire le
voyage de l'autre monde, et qu'on n'a plus rien à
faire que de le laisser partir tranquillement. Ils cessent en conséquence toute espèce de remèdes et
de lui prodiguer les soins qui pourraient contribuer
à sa guérison. Rien de ce qu'il demande ne lui est
refusé, et il a dû souvent arriver qu'à la suite de
cette complaisance, une indigestion est venue em-
porter le madade qui s'en serait peut-être tiré sans
cela.

Je citerai encore une autre de leurs idées superstitieuses qui est bien particulière au **pays**. C'est la
persuasion où sont encore beaucoup d'entr'eux que
sur une famille de sept frères, il y en a un qui doit
être marqué de la croix, c'est-à-dire, avoir dans l'in-

térieur du palais ou sur la langue l'empreinte d'une croix qui lui communique la vertu de guérir par la succion les morsures de chiens enragés. J'ai souvent cherché à voir de ces gens à croix, mais je n'en ai jamais rencontré, et je doute fort qu'ils eussent consenti à me montrer leurs langues. C'est principalement dans le Guipuscoa qu'il existe de ces guérisseurs; et dans les familles où il se trouve sept garçons, on ne manque pas de donner à l'un d'eux un semblable état, qui, grâce à l'entière confiance qu'a le peuple dans les remèdes du croisé, qu'il regarde d'ailleurs comme un espèce de saint , ne laisse pas d'être assez lucratif. Il est probable que ces opérateurs, de même que les moines de Saint-Hubert, font suivre à leurs malades quelque traitement qui assure le succès de leurs cures. Peut-être aussi la succion qu'ils pratiquent y a-t-elle beaucoup de part ?

J'aurai plus tard occasion de parler de l'usage où l'on est encore dans certains cantons basques, d'enterrer les morts dans les églises, coutume déplorable qui ne peut qu'avoir les suites les plus funestes pour la salubrité publique, et dont les autorités du pays devraient provoquer la cessation avec plus d'énergie qu'ils ne l'ont fait jusqu'à présent.

Après avoir parlé des qualités des Basques et de leurs préjugés, il est temps d'en venir à leurs défauts. Celui que je leur reprocherai d'abord, c'est cette paresse, cette insouciance qui les porte à ne tra-

vailler qu'autant qu'il est strictement nécessaire
pour vivre au jour le jour, sans s'occuper de l'avenir. Toujours prêts à quitter le travail pour le plaisir, ils ne manqueront aucune fête, ils ne néglige-
ront aucun prétexte de s'amuser, quand même ils
devraient compromettre par là leur bien-être et celui de leur famille. Il suffit de jeter un coup-d'œil
sur leur pays pour reconnaître la négligence qu'ils
apportent à le cultiver, et le peu d'envie qu'ils ont
d'améliorer leur position par le travail. De vastes
bruyères, des fougères et des ajoncs couvrent la
majeure partie du terrain, et quoique depuis la ré
volution on ait déjà beaucoup defriché, il reste encore bien plus à faire. Quand on leur parle à ce sujet, ils vous répondent sérieusement qu'ils ont besoin de fougères et de *touya* (ajoncs) pour chauffer
leur four; comme si un arpent de bois ne leur don-
nerait pas de quoi remplir ce but aussi bien que
cinquante d'ajoncs ou de fougères. Ce vice de culture se fait surtout remarquer dans le Labourt. Les
habitans de la côte et ceux de la frontière d'Espagne, habitués à tirer leurs ressources de l'étranger,
les uns par le commerce maritime et par la pêche
lointaine dont ils ont été les premiers et les plus
intrépides soutiens, les autres par le tribut qu'ils pré-
levaient sur les Espagnols qu'ils avaient accoutumés
à payer chèrement les plus légers services, ont né-
gligé long-temps leurs richesses territoriales, et ont
laissé leur pays sans culture. Qu'est-il arrivé? Tou-

tes ces ressources étrangères ont cessé, la guerre a
détruit le commerce maritime, leurs ports ont eté
encombrés par les sables, les bénéfices de la pêche
du banc de Terre - Neuve leur ont été enlevés par
la concurrence des autres nations; l'Espagnol, devenu pauvre à son tour, a appris à connaître le
prix de l'argent, et ils se sont vus obligés de revenir péniblement au travail de la culture des terres
auquel leurs bras n'étaient pas faits, et aujour-
d'hui même qu'ils en sentent la nécessité, ils s'y
prennent avec tant de nonchalance que le maïs et
le froment sont à peu près tout ce qu'on est par-
venu à leur faire cultiver, quoique le pays puisse
se prêter à d'autres productions. Il en résulte que
dans les bonnes années le maïs est tellement abon-
dant et tombe à si vil prix, qu'il est presqu'impossible que le cultivateur puisse se tirer d'affaire.
Cependant nulle part les fermiers n'obtiennent des
conditions plus avantageuses. On ne parvient à en
avoir qu'en leur abandonnant la moitié de la récolte, et encore est-on obligé de tout leur fournir,
outils, ustensiles, bestiaux, etc., sans compter
qu'il est difficile de s'assurer de la bonne foi qu'ils
mettront dans le partage. Ce sont plutôt des valets
que le propriétaire charge de l'exploitation d'un
bien, que des fermiers. Malgré les avantages qu'un
homme industrieux pourrait retirer de tels arran-
gemens, le Basque du Labourt préfère à l'état
de cultivateur celui de bouvier qui lui laisse plus

d'indépendance et de loisir, et sur l'extrême frontière il abandonne l'exploitation des terres aux Basques espagnols qui ont plus que lui cette tenacité
nécessaire pour résister à un long travail, et qui
sont venus s'établir en grand nombre dans un pays
où ils trouvaient une existence plus assurée et un
gouvernement plus doux que dans le leur. La suite
naturelle de tout cela, c'est que peu de paysans sont
aisés, que les améliorations ne se font que lente-
ment, et que le pays présente et présentera encore
long-temps l'apparence d'un pays déchu, où l'on rencontre à chaque pas des traces palpables de la nonchalance et du peu d'industrie des habitans.

Un autre défaut des Basques, qui, s'il était bien
constaté, serait bien moins excusable que cette
insouciance, que quelques personnes appellent
philosophique et qui, dans le fait, ne fait de tort
qu'à eux, c'est l'inclination au vol et au pillage
qu'on leur suppose, comme reste de leurs anciennes habitudes; mais je crois qu'on a beaucoup exa-
géré sur ce point, et qu'on leur fait honneur d'une
vieille réputation qui est aujourd'hui presqu'entièrement usurpée. Il est certain que pendant tout le
temps que j'ai habité parmi eux, je n'ai entendu
parler d'aucun délit de ce genre qui en valût la
peine, mais seulement de vols de fruits, de légumes, de volailles, etc.; sur ce point, ils ne se pi-
quent pas d'être très-délicats, et dans les campagnes, tous ceux qui ont des jardins ou des vergers.

sont obligés de les faire garder pendant tout le
tems de la maturité des fruits. Quant aux vols d'argent, ils sont aussi rares et peut-être plus rares
que partout ailleurs, et ordinairement ils sont le
fait des Basques espagnols qui sur ce point ont conservé les habitudes de leurs ancêtres beaucoup plus
fidèlement que les Français. Il suit de là que la qua-
lification de gourmands conviendrait beaucoup
mieux à ces derniers que celle de voleurs. Pour
celle-là, ils la méritent dans toute l'acception du
mot. Ils ne cherchent que l'occasion de faire la
*craqunde*, et s'ils n'ont pu y réussir, ils font contribuer leurs voisins. C'est principalement dans le
moment du carnaval ou des fêtes qu'ils lèvent de
ces sortes de contributions. Ils se réunissent p ar
bandes de dix à douze, aussi grotesquement habillés
que leurs moyens le leur permettent, et vont de
porte en porte se faire gratifier de pain, de lard
et même d'argent, si on veut leur en donner ; mais
ils n'emploient aucun moyen violent pour cela et
ne prennent absolument que ce qu'on leur abandonne.

En un mot les Basques sont de vrais enfans ou
plutôt de vrais écoliers : même gourmandise, même
horreur du travail, même ardeur pour le jeu et pour
tout ce qui est exercice du corps. Mais ce qui doit
surtout les garantir de l'odieuse imputation qu'on
leur adresse, c'est que leurs maisons ne sont presque jamais fermées, et qu'un Basque ne pénétrera

jamais dans l'intérieur d'une habitation sans être
assuré à l'avance que les maîtres y sont. S'il n'en-
tend ou ne voit personne, il reste un quart-d'heure
sur la porte ou au bas de l'escalier à dire *ela* ( c'est
leur façon de s'annoncer), se gardant d'entrer avant
qu'on ait répondu.

Ce que je reprocherai plutôt aux Basques, c'est
le mépris qu'ils témoignent à une race d'individus
qui existent depuis long-tems parmi eux, et qu'ils
désignent sous le nom d'*Agotas*. Cette race, que
les historiens font descendre ou des Goths qui con-
quirent autrefois l'Espagne et l'Italie, ou des Sar-
rasins qui furent vaincus par Charles Martel dans
les plaines de Tours, n'a pas été aussi favorisée par
la nature que les vrais Basques, et il est facile de
distinguer les *Agotas* d'avec ces derniers, à leur
figure peu avenante, à leurs traits rebroussés qui
portent ainsi l'empreinte de la dégénération, à leur
taille moins avantageuse et surtout moins élégante.
Il est curieux de lire dans la chronique du pays jusqu'à quel point le préjugé a été poussé contre ces
pauvres gens, non seulement chez les Basques, mais
encore chez les Béarnais et les habitans d'une partie de la Gascogne, et à quelles persécutions ils ont
été exposés. On y voit qu'il leur était défendu de
marcher pieds nuds dans les rues, de peur de la
communication de la lèpre dont on les croyait
tous infectés, sous peine d'avoir le pied percé avec
un fer rouge; qu'il leur était également interdit de

toucher aux vivres qui se vendaient au marché,
excepté à ceux que les vendeurs leur auraient dé-
livrés, à peine du fouet et d'être bannis du baillage;
de faire l'office de meûnier, de toucher à la farine
du commun peuple, ni de se mêler dans les danses
publiques. On alla même jusqu'à leur défendre de
se placer dans les églises avec les autres fidèles, et
de prendre de l'eau bénite dans le même bénitier.

Devant les tribunaux, le témoignage de sept *Agotas* n'était admis que comme celui d'un autre habitant, et pendant un temps on leur enjoignait de porter sur la poitrine ou sur leurs vêtemens un signe
rouge en forme de patte d'oie ou de canard pour les
distinguer des autres hommes.

Heureusement ce préjugé s'est considérablement
affaibli depuis un siècle. Les parlemens de Bordeaux
et de Navarre, qui n'avaient pas peu contribué dans
le temps à l'état d'humiliation de ces malheureux,
qu'ils avaient consacré par leurs arrêts en plusieurs
occasions, ont fini par leur rendre tous leurs droits
civils par décisions des 21 avril et 16 juillet 1723,
et l'on est aujourd'hui tout-à-fait revenu de l'idée
qu'ils sont en proie à des maladies héréditaires,
telles que la lèpre, l s humeurs froides, la gale,
etc. qui rendraient dangereuse toute communication avec eux. Il reste cependant encore chez les
Basques de fortes traces de leurs préventions contre
ce peuple. Les *Agotas* vivent encore au milieu
d'eux dans un espèce d'isolement; les alliances que

les deux races contractent sont rares et sont presque toujours un objet de scandale, et un *Agota* ne
sera jamais choisi par ses concitoyens pour remplir
une charge ou un emploi pour l'exercice desquels
il ait besoin d'étre investi de la considération publique. Espérons que les progrès torjours croissant
de la civilisation finiront par faire disparaître tout-
à-fait ces odieuses distinctions, et que bientôt le
beau caractère des Basques ne sera plus déparé par
des idées d'intolérance qui cessent d'appartenir à
nos mœurs.

### QUATRIÈME LETTRE.

Béhobie , le......1819.

La notice qui était jointe à ma première lettre , a fait voir tout le parti que les Basques
ont tiré de l'histoire pour soutenir leurs prétentions à une origine aussi reculée que possible et
à une constante indépendance. Plusieurs de leurs
auteurs ont adopté une autre voie pour parvenir
au même but, et dédaignant de faire usage des no-
tions souvent erronées que peuvent fournir les
anciens historiens , ils ont appelé la langue basque
à l'appui de leurs assertions, tant par les inductions
qu'ils ont tirées de son mécanisme, que par la comparaison qu'ils en ont faite avec les autres idiomes.
On juge bien que des idées fondées sur de pareilles
bases ne peuvent être que très-systématiques et par

conséquent qu'il doit être facile d'en combattre la probabilité. Je n'en parlerais même pas, si au milieu de tous ces rêves d'imaginations exaltées, je n'avais trouvé une certaine suite de faits constans, une masse d'idées nouvelles que je n'ai pu lire sans un grand intérêt et qui m'ont paru susceptibles de jetter une sorte de clarté sur l'histoire des temps antiques. Cette lettre ne sera donc, à proprement parler, qu'un extrait. Parmi les auteurs qui m'en fourniront le sujet, je suivrai de préférence Erro y Aspiros et Astarloa qui ont publié en espagnol, le premier, un ouvrage intitulé : *Alphabet primitif de l'Espagne*, et le second, une *Apologie de la langue basque.*

Ces deux écrivains qui ont rappelé à-peu-près tout ce qui avait été dit avant eux sur le même sujet, ne se sont pas contentés de voir dans la langue basque l'idiome primitif des Espagnols, ils ont voulu en faire celui des premiers habitans du monde, celui que parlaient Adam et Eve dans le paradis terrestre, et qu'ils reçurent de Dieu après leur création, afin de pouvoir se communiquer leurs pensées. Le *Jaut* ou *Jaaut* des Egyptiens et des Phéniciens ne serait autre, suivant Aspiros, que Jaun, Jova ou Jonda, nom du Créateur, dans la langue primitive basque. Il donne pour certain que les Assyriens, Phéniciens ou Cananéens, à qui l'on attribue généralement l'invention de l'écriture, ont un alphabet qui n'est pas à eux et qu'ils doivent tenir d'une nation encore plus ancienne. La raison en est que les noms de leurs lettres ne sont ni égyptiens, ni phéniciens d'origine, et qu'on ne trouve dans ces langues ni leur étymologie, ni rien qui puisse faire soupçonner la cause pour laquelle elles ont reçu le nom qu'elles portent. Il faut donc remonter jusqu'au berceau du monde pour retrouver l'alphabet primitif, et suivant les antiquités juives, cet alphabet existait déjà du temps des fils de Seth, puisqu'il y est dit qu'ils élevèrent deux colonnes, l'une de briques et l'autre de pierres, sur lesquelles ils inscrivirent les connaissances qu'ils avaient déjà acquises, pour les transmettre à leurs descendans. D'où Seth et ses enfans pouvaient-ils tenir l'art de l'écriture, si ce n'est d'Adam lui-même ? et de qui Adam l'avait-il reçu ?

Où donc retrouver des vestiges de cette première langue, si ce n'est dans celle qui offre le plus d'analogie avec les termes qui la représentent ? et, sans faire remonter son origine jusqu'à Dieu lui-même, n'est-il pas présumable que l'inventeur du premier alphabet a voulu attacher à chacun des caractères qu'il choisit une signification distincte ou la représentation d'une idée, afin qu'ils pussent se conserver sans altération, et qu'ils fussent à l'abri de l'arbitraire des conventions. Or, cette propriété n'existe peut-être que dans les seules lettres basques, qui ont toutes une signification qui leur est particulière, et qui se rapproche autant que possible de la nature. La lettre **A**, par exemple, présente dans cette langue l'idée de l'étendue ; la lettre I caractérise la pénétration ; O, la rondeur ou la plénitude, etc. Dans l'alphabet primitif, la première de ces lettres dût être représentée par le signe ⋀, et qui pouvait mieux donner l'idée de l'étendue que la figure d'un angle dont les deux côtés s'éloignant sans cesse finiront par embrasser ce que l'imagination peut concevoir de plus étendu ? D'un autre côté, le son **A**, qui est celui qui sort le plus natulement de la bouche de l'homme, n'est-il pas le premier qu'il dût laisser échapper lorsqu'il voulut témoigner son étonnement à la vue du magnifique spectacle qui s'offrit à ses yeux en recevant l'existence, et ce même son, chaque fois qu'il le proféra dans la suite, ne dût-il pas lui rappeler ce premier mouvement ? La lettre I, qui dénote la pénétration, ne pouvait être figurée que par une flèche, ou tout autre instrument long et pointu dont l'homme se servit d'abord pour percer, ou pour enfoncer. La lettre O, par sa conformation circulaire, ne présente-t-elle pas l'idée la plus parfaite de la rondeur, de la plénitude, etc., et ainsi de suite.

Astarloa, tout en adoptant ce même système, va plus loin encore, il suit nos premiers parens dans les premiers temps de leur existence, nous rend compte des sensations qu'ils éprouvèrent, leur fait trouver à la suite de ces sensations les premiers termes dont ils se servirent pour exprimer les objets qui frappèrent leurs yeux, et ces mots, suivant lui, ne peuvent être que des mots basques. Je le laisse parler :

» Eguna, *jour.* La plus forte des sensations,
» dit-il, que l'homme dut éprouver après sa créa-
» tion, eut lieu lorsque le jour vint à cesser pour
» la première fois. La faculté de la vue, rendue
» inutile par l'obscurité de la nuit, la mémoire de
» ce qu'il avait trouvé par le moyen de ce sens,
» le souvenir des montagnes, des prairies, des fleurs
» et des autres productions de la nature, le plaisir
» qu'il avait trouvé dans leur contemplation, en-
» fin tout ce qu'il avait vu et ressenti, contribuait
» à l'émouvoir vivement. Il dut alors gémir sur son
» sort, et communiquer par ses plaintes ses tristes
» idées à sa compagne. Tous deux crurent que le
» jour qu'ils avaient vu était le dernier, et cette
» pensée, jointe à celle du bonheur qu'ils avaient
» goûté, dut nécessairement influer sur le nom par
» lequel ils cherchèrent à désigner le jour; et quel
» nom plus analogue à leurs idées pouvaient-ils lui
» donner que celui de *dernière consolation, der-*
» *nier bonheur?* C'est justement ce qu'indique le
» mot basque EGUNA, *e* étant le caractéristique de
» la douceur, de la suavité, et GUN, GUNA, GUENA,
» signifiant *dernier,* ce qui fait bien *dernière*
» *douceur.*

» Iluna, *nuit.* Aux premières idées que fit naî-
» tre dans l'homme lors de la première nuit, le

» souvenir du bonheur et des jouissances qu'il avait
» perdus par l'absence du jour, durent en succé-
» der d'autres plus tristes encore, qui lui furent
» suggérées par l'obscurité dans laquelle il était en-
» veloppé. L'effet le plus probable de ces réflexions
» dut être la croyance d'une mort prochaine. A
» peine ai-je commencé à exister, aura pensé ce
» malheureux homme, que je commence à mou-
» rir : mes yeux ne distinguent plus rien ; comment
» pourrai-je trouver ma nourriture et celle de ma
» compagne? Si je veux agir, n'irai-je pas me heur-
» ter contre les arbres et contre les rochers ? ne
» tomberai-je pas à chaque pas? ne roulerai-je pas
» dans les précipices? Infortuné que je suis! vais-je
» donc cesser d'exister !!!

    » Ces craintes, à mesure qu'il les communiquait
» à sa compagne, durent encore aller en croissant
» à cause de l'identité de leurs sentimens, et bien-
» tôt cette mort prochaine leur parut inévitable.
» Quel nom ces deux infortunés pouvaient-ils
» donc donner à l'obscurité qui leur causait
» des sensations si pénibles et si douloureuses?
» Mille fois l'approche de la mort dut se présen-
» ter à leur imagination et sur leurs lèvres, et c'é-
» tait bien là l'expression la plus convenable dans
» la position où ils se trouvaient, pour désigner
» l'obscurité. C'est aussi la signification littérale
» du mot basque ILUNA, composé du verbe IL
» *mourir*, et UNE, UNEA *proximité*, ce qui fait
» bien *mort prochaine*.

» Arguya, *lumière.* Si la première nuit dut
» procurer à l'homme un vif sentiment d'afflic-
» tion, tant par suite du manque de clarté, qu'à
» cause des idées horribles que l'obscurité fit naî-
» tre en lui, quel effet contraire ne lui aura pas
» causé l'apparition du crépuscule qui annonçait
» le jour suivant. Je te vois, se seront écriés en
» même temps ces deux pères des générations
» futures, je te vois !..... N'aperçois-tu pas cette
» prairie, cette vallée ? vois cette délicieuse cam-
» pagne qui faisait hier notre admiration.... Non,
» l'auteur de notre être ne nous a pas encore
» abandonnés.

» C'est par de telles expressions qu'ils saluèrent
» le retour de la lumière, et leur vue, franchissant
» sans difficulté les montagnes, traversant les
» plaines avec la plus grande vitesse, et s'éten-
» dant jusqu'aux objets les plus éloignés, ils re-
» connurent alors de quel prix était pour eux la
» jouissance de la clarté du jour, comme elle
» agrandissait leur existence et multipliait, pour
» ainsi dire, l'étendue de leur être, puisqu'elle
» semblait l'identifier avec tout ce qui frappait
» leurs regards. Ils ne purent dès-lors manquer
» de donner à cette bienfaisante lumière le nom
» qui se rapportait le plus à cette vertu extensive
» qu'ils reconnaissaient en elle, et ils l'appelèrent
» ARGUYA, de AR qui signifie *extension*, et GUIS,
» GUEA, *matière, substance*, comme pour dire
» *cause de l'étendue.*

» Egusquya, *soleil*. Le soleil parut le second
» jour, et ce fut pour nos premiers parens un nou-
» veau sujet de jouissances. Ils virent que la lu-
» mière qui venait de ranimer toutes leurs espéran-
» ces, n'était que l'annonce de cet astre lumineux.
» Ils reconnurent qu'il parcourait la même carrière
» que le jour précédent; dès-lors ils ne doutèrent
» pas qu'une seconde nuit ne dut s'ensuivre, et ils
» demeurèrent certains que le soleil était le prin-
» cipe de la lumière, et que c'était lui qui causait
» le jour. Ils n'avaient donc d'autre nom à lui don-
» ner que celui de EGUSQUYA, de EGUN, EGUNA,
» *jour*, et QUIYA ou QUEYA, *chose* ou *cause du*
» *jour*».

Ils donnèrent de même à la nuit le nom de
ILARGUYA, de IL *mourir*, et ARGUYA *lumière*,
*lumière morte*. GOXA ou GOIXA exprima le matin
ou *lever général*, GOXALDU ou GOIXALDU, le
*déjeuner*, ou *confortation du matin*, BASCALDU,
*dîner* ou *confortation du soir*, etc.

Mais laissons là ces rêves ingénieux qu'il serait
trop facile de combattre, et voyons si nous ne re-
trouverons pas quelque chose de plus positif dans
ce que dit Aspiros, pour prouver que le basque est
la langue primitive de l'Espagne.

Strabon avait dit que de son temps les Espagnols
Turdétaniens conservaient écrites les archives de
leur histoire et en outre des poëmes et des lois
en vers, qui, suivant eux, dataient de 6000 ans.

Il est permis de croire que ces poëmes avaient été apportés par eux du pays dont ils étaient sortis pour venir peupler l'Espagne, et que dès cette époque l'art de l'écriture leur était déjà connu. Ils ne pouvaient donc pas l'avoir reçu des Phéniciens qui passent pour en être les inventeurs, vu que ceux-ci n'abordèrent dans la péninsule que huit siècles après son peuplement. Ils devaient encore moins le tenir des Grecs, qui n'y parurent que postérieurement, à moins qu'on ne veuille admettre l'authenticité des voyages d'Ulysse, d'Antenor etc.; et d'ailleurs, s'il en était ainsi, comment Asclépiades qui demeura long-temps en Espagne et qui écrivit sur les antiquités du pays, n'aurait-il pas fait mention d'une circonstance aussi remarquable, non plus que Polybe, Posidonius, Artémidore et beaucoup d'autres.

On a remarqué cependant que les anciennes lettres grecques dites *cadmées*, se rapprochaient beaucoup des caractères dits celtibériens, qui ont été trouvés en Espagne sur beaucoup d'anciens monumens et de médailles, et qu'on a toujours cru devoir appartenir à la langue primitive des habitans. Mais ne pourrait-on pas également conclure delà, qu'au lieu d'avoir donné un alphabet à l'Espagne, ce serait d'elle que les Grecs auraient tiré le leur. Beaucoup d'auteurs anciens ont avancé à la vérité qu'ils l'avaient reçu des Phéniciens, et que c'était Cadmus, fils d'Agénor, roi de ce peuple, qui le leur avait apporté ; mais cette assertion ne se soutient pas quand on considère que les anciennes lettres grecques n'ont aucun rapport, ni pour la forme, ni pour le nombre, avec les phéniciennes, et que les unes s'écrivent de gauche à droite et les autres de droite à gauche. Il serait plus raisonnable de supposer que l'histoire ou plutôt la fable de Cadmus, qui s'expatria pour aller à la recherche de sa sœur Europe, n'est qu'une ingénieuse allégorie, qui doit s'expliquer par les voyages de ce prince dans la partie du monde qui porte ce nom. Déjà à cette époque ( 1500 ans avant J. C. ), la navigation d'Espagne n'était pas tout à fait inconnue aux Phéniciens, et les merveilles qu'on racontait de la Bétique peuvent avoir décidé Cadmus à prendre cette route. Ce prince qui, par son rang, est supposé avoir reçu une éducation distinguée et être en état de tirer tout le parti possible de ses voyages, dût être frappé de rencontrer chez le peuple de ces contrées un alphabet inconnu jusqu'alors, plus parfait que celui dont on se servait en Phénicie et plus conforme au système de la nature. Qu'y aurait-il donc d'étonnant qu'étant passé delà en Grèce pour y fonder la ville et le royaume de Thèbes, il y eût apporté et fait adopter l'usage de ces caractères dont il avait reconnu la plus grande perfection. De cette manière, la ressemblance des lettres *cadmées* et de celles dites celtibériennes s'ex-

pliquerait tout naturellement, et les secondes auraient donné naissance aux premières. L'ancienne
langue basque, d'un autre côté, en supposant qu'elle
ait été la langue primitive des hommes, n'aurait
plus avec l'hébreu et le phénicien d'autre rapport
que celui d'une dérivation commune de ce premier
langage, qui se serait conservé chez les uns et déna-
turé chez les autres.

C'est de l'explication de ces caractères, dits
celtibériens, qu'Aspiroz tire son plus fort argu-
ment pour établir la priorité en Espagne de l'ancienne langue basque ou euscarienne, à laquelle il
prétend les rapporter. Ces caractères qui étaient
ceux d'un assez grand nombre d'inscriptions trou-
vées, dans plusieurs parties de l'Espagne, sur des
monumens, des vases, des pierres tumulaires et
des médailles, furent long-temps regardés comme
inconnus et tout-à-fait inexplicables. Le docteur
Francisco Andrès, le père Rioja, jésuite, Francisco
de la Huerta et plusieurs autres soupçonnèrent,
après bien des recherches, que ces caractères pouvaient bien être les lettres primitives espagnoles,
et les pères jésuites Larramendo et Terreros allèrent jusqu'à dire qu'ils étaient basques, et que
par conséquent le basque était la langue primitive du pays. Aspiroz va plus loin encore; il prétend avoir retrouvé en entier cet alphabet primitive dont il désigne les caractères à peu près par
les mêmes noms que l'alphabet grec, donnant à

chacun de ces noms une signification basque qui se rapporte à l'idée caractéristique de la lettre.

Un autre point qui, suivant Astarloa, prouve également que la langue basque était anciennement répandue par toute l'Espagne, et par conséquent qu'elle était celle du pays, c'est l'analogie que présentent avec cette langue les noms des peuples, villes, fleuves et familles de l'Espagne, qui sont cités par les plus anciens historiens. Joachim Trajia, qui a écrit le Dictionnaire géographique du royaume, quoiqu'il ne soit pas d'accord avec Astarloa au sujet de l'antiquité de la nation basque, est de son avis sur ce point.

Ainsi le mot *Espâna*, qui est le véritable nom qui fut imposé à l'Espagne par les naturels, signifie en basque *lèvre* ou *extrémité*, ce qui se rapporte bien à la position topographique de ce pays relativement à l'Europe. Quant aux dénominations d'*Ibérie*, d'*Hespérie,* la première fut un nom local qui dans l'origine ne convenait qu'aux provinces situées sur les bords de l'Ebre, et qui fut donné de même que le second par les nations étrangères.

*Basconia* vient évidemment de *basso, bassoco,* qui veut dire *montagne* et *montagnard.*

*Lusitania* et les autres noms de provinces en *etania* tels que *Carpetania, Oretania, Turdetania, Accetania,* etc., paraissent avoir une origine basque et latine, c'est-à-dire, qu'ils tirent leurs racines de la première de ces deux langues, *carpeta*, *oreta*, *turdeta*, *acceta*, etc., auxquels les Romains qui nous ont fait connaître ces pays, ont ajouté la terminaison *nia*.

Quant aux noms de ville en *briga*, on a attribué cette finale au celte de *briga* ou au grec de *pyrgos* ; mais Astarloa prétend que le terme *briga* n'est autre que le *uriaga* ou *uriga* des Basques, corrompu par le changement de l'*u* en *v* qui, comme on sait, équivaut en espagnol au *b*. Il ajoute que ce mot *briga* fut employé autrefois pour désigner les rassemblemens d'individus qui vivaient dans une indépendance absolue, et ne connaissaient d'autres lois que celles qu'ils se donnaient. De ce mot est venu le terme espagnol *abrigar se*, se mettre à l'abri, parce qu'anciennement ceux qui étaient poursuivis par la justice allaient se réfugier au milieu de ces bandes. On en a fait ensuite *brigar*, *brigante*, et en français *brigand*, *brigade*, etc.

Les terminaisons en *bria* telles que *Cantabria*, *Brutobria*, *Asturia*, *Beturia*, viennent également du basque par le changement de l'*u* en *b* du mot *uria* peuplade.

Les noms des fleuves ou rivières s'expliquent de la même manière. *Betis*, par exemple, est composé de *be*, *bia*, *chose basse* ou *enfoncée* et de la terminaison fréquentative *ti*.

*Douro* ou *Duero* vient, en supprimant le *d*, de *ura eau*, et *ero enflé*, eau qui se gonfle.

*Ibero* de *ibai, rivière*, et du même mot *ero.*

*Arbea*, ancien nom de la Bidassoa, se tire de *o elevé*, et *be, bia, bas,* parce que cette rivière coule au bas des premières hauteurs des Pyrénées, etc.

Quelques écrivains espagnols qui ne veulent pas reconnaître l'antiquité de la langue basque, ont prétendu qu'elle avait pu être formée par imitation de celles des différens peuples qui avaient successivement envahi l'Espagne, et qu'elle n'était qu'un amalgame de plusieurs autres idiomes. Cette supposition est facile à réfuter, quand on considère que les Celtes, les Phéniciens, les Carthaginois, les Romains, les Goths et les Arabes sont les seules nations qui auraient pu contribuer à la formation du basque, et que par conséquent cette langue devrait offrir des rapports frappans avec celles de ces divers peuples, tandis qu'il est constant qu'il n'en existe aucun. On peut encore moins supposer qu'elle a tiré son origine des langues modernes, auxquelles elle ne ressemble pas davantage et auxquelles tout prouve qu'elle est de beaucoup antérieure. On objectera peut-être qu'une certaine quantité de termes espagnols ou français se retrouvent dans la langue basque, telle qu'on la parle aujourd'hui; mais il est bien probable qu'une partie de ces mots tire véritablement son origine du basque, considéré comme langue primitive de l'Espagne, et qu'ils ne se trouvent communs aux deux langues, que parce que l'Espagnol, formé, à une époque peu ancienne, d'un

mélange de latin , d'arabe et de celte , dut nécessairement avoir conservé plusieurs des expressions
de la langue primitive du pays. D'un autre côté, la
langue basque **manquant**, vu son antiquité, de termes pour exprimer beaucoup d'objets d'invention
moderne, a bien été obligée d'adopter ceux sous
lesquels ces objets étaient connus chez les peuples
de qui elle les tenait. C'est ainsi que les Basques
disent botella, chapela, assieta, *bouteille , chapeau , assiette* , etc.

Il est curieux, du reste, de voir dans l'ouvrage
d'Astarloa l'enthousiasme avec lequel il défend son
opinion et la grande colère dans laquelle il entre
contre ceux qui ne sont pas de son avis : « Et pour-
» quoi, dit-il, le basque ne serait-il pas l'ancienne
» langue de l'Espagne? Peut-on assigner une ori-
» gine à cet idiome? Cite-t-on une nation qui l'ait
» apportée à la péninsule, depuis qu'elle est peu-
» plée? Quel est donc le caprice de ces savans qui
» déclament tant contre cette langue? Croient-ils
» que la nation serait déshonorée, si c'était sa
» langue primitive? Ah! le préjugé, l'amour-pro-
» pre et la prévention devraient-ils aveugler à ce
» point ceux qui sont appelés à nous communiquer
» les véritables connaissances !

» Non, Espagnols, la langue basque n'est pas
» une langue qui puisse vous faire rougir ; c'est
» au contraire un trésor caché qui va vous couvrir
» d'honneur et de gloire; vous trouverez en elle

» les vestiges les plus authentiques de la culture
» et du perfectionnement des arts, des sciences et
» de la religion chez nos ancêtres les plus reculés.
» Lisez ceci avec réflexion, et vous verrez à quels
» temps éloignés elle remonte, quels intéressans
» secrets elle vous révèle, et de combien de vé-
» rités inconnues jusqu'alors elle enrichit la litté-
» rature. Examinez-la dans ses parties constituti-
» ves, dans l'anatomie de tous ses membres, et
» je vous promets que l'étude du basque sera pour
» vous la récréation la plus douce et la plus flat-
» teuse ».

Dans un autre endroit le même auteur s'écrie en
parlant des termes caractéristiques de cette langue:
« Quelle propriété dans les termes d'abondance !
» Quelle exactitude dans les nationaux ! Que de
» philosophie dans les patronimiques ! Que de no-
» blesse dans ceux de devoir ! Que de richesses
» dans ceux de lieu! Que d'esprit dans ceux de
» discussion! mais surtout quelle élévation, quelle
» magnificence, quel mérite presque divin dans
» les termes abstraits ! Notre basque est sous le
» rapport de ces derniers, une table de la loi so-
» ciale, un livre ouvert de la morale, un code qui
» distingue, par les signes les plus frappans, le vi-
» cieux de l'honnête, le juste de l'injuste, et le cou-
» pable d'avec l'innocent. »

Quand il parle de lui-même, Astarloa ne se traite
guère moins bien que sa langue favorite. A l'enten-

dre, aucune langue ne lui est inconnue; il a tout
étudié, tout comparé avec le basque, et il en résulte pour lui la **conviction intime** qu'aucune autre
n'approche de **la perfection** de cette dernière.
J'aime surtout la naïveté avec laquelle il énumère
tous les idiomes dont il prétend avoir acquis la
connaissance; il ne s'agit guère que de 107 dialec-
tes différens dont voici la curieuse liste :

### LES LANGUES

| | | | |
|---|---|---|---|
| Allemande, | Estonienne, | Laos, | Quichua, |
| Anglaise, | Espagnole, | Labonesa, | Quériri, |
| Arabe, | Eudebe, | Lithuanienne, | Saliba, |
| Arménienne, | Finlandaise, | Maya, | Samaritaine, |
| Abipona, | Française, | Mainas, | Siamoise, |
| Aracauna, | Goana, | Maipuru, | Samscrutanica, |
| Amara, | Grantamica, | Malabare, | Scythe, |
| Balabandia, | Grecque, | Maratte, | Singala, |
| Bermana, | Groenlandaise, | Mobima, | Tamanaca, |
| Bengalaise, | Grumish, | Moxa, | Tamulica, |
| Berula, | Guaïcuru, | Malaise, | Taraumara, |
| Betoi, | Guzarata, | Moquica, | Tagala, |
| Bilela, | Guarani, | Mistica, | Tartare, |
| Bogula, | Hébraïque, | Mexicaine, | Tchérémisse, |
| Bisaya, | Hiaqui, | Moluquoise, | Thibétane, |
| Caldéenne, | Hongroise, | Omaqua, | Turque, |
| Cananéenne, | Ibérienne, | Otomita, | Toba, |
| Calmouke, | Indostané, | Ostiaque, | Tunquinoise, |
| Canarienne, | Italienne, | Opata, | Tubar, |
| Chinoise, | Jamea, | Permiana, | Tupi, |
| Campa, | Japonaise, | Phénicienne, | Tafte, |
| Cariba, | Jarura, | Pinia, | Tungusa, |
| Chiquita, | Javanaise, | Pirinda, | Turusc, |
| Cochimi, | Jupi, | Poconque, | Totonaca, |
| Coréenne, | Laponne, | Portuguaise, | Valaque, |
| Coromandeloise, | Lule, | Péruvienne, | Yonoma. |
| Curde. | Laline, | Persanne, | |

Je voudrais pouvoir finir cette lettre par la citation des particularités les plus marquantes de la langue basque, afin de donner une idée de son mécanisme et des principales règles qui la gouvernent; mais cela me mènerait trop loin, et je me verrais bientôt arrêté dans mon entreprise et forcé d'avouer mon ignorance. On a déjà vu que le Basque avait attaché à chacune de ses lettres et à plus forte raison à chaque syllabe et à chaque mot un sens précis, puisé dans la nature même de l'expression à laquelle il deviendrait dès-lors difficile de rien changer sans la dénaturer tout-à-fait. Astarloa en cite de nombreux exemples (1), mais il a choisi ses mots, et je doute fort que la même règle

---

(1) En voici quelques-uns :

**Ez** se compose de la voyelle *e* qui signifie *doux, faible, débile,* et de la consonne *z* qui, comme lettre double, dénote l'abondance, ce qui fait *abondance de faiblesse,* ou plutôt *manque d'existence.* C'est par le mot *ez* que le basque caractérise la négation. *Ez* veut dire non.

**Upa,** composé de *u,* cavité, et *pa* ou *ba,* bas, profond, veut dire *cuve.*

**Abe,** *arbre,* vient de *a,* étendue, force, et de *be, bia,* bas, fort par en bas.

**Urtu,** *fondre, liquifier,* de *ura,* eau, et de la terminaison verbale *tu.*

**Icasbide,** *science,* est composé du verbe *icassi,* apprendre, et *bide, bidia,* chemin.

**Artuemon,** *commerce,* du verbe *artu,* prendre et *emon,* donner, etc.

existe invariablement pour tous. Ce point seul,
pour être discuté convenablement, exigerait de
grands développemens et des recherches appro-
fondies que je ne me sens pas en état d'entreprendre. Je me garderai bien surtout d'aborder les noms
qui, en basque, n'ont pas de déclinaisons proprement dites, mais qui présentent autant de
cas, ou plutôt de terminaisons, qu'ils sont susceptibles d'être modifiés par les différens articles ou
prépositions qu'on peut leur adjoindre (1). Les
verbes offrent encore plus de difficultés, quoique
tous soumis à une même règle de conjugaison, en
ce qu'ils ont plus de quarante temps différens dont
chacun, suivant Astarloa, est susceptible de 206
combinaisons diverses. Enfin pour citer tout ce
qu'il y a de remarquable et d'original dans la langue, il faudrait citer la grammaire toute entière,
et malheureusement leurs savans, malgré toute la
conviction où ils paraissent être de l'excellence de
cet idiome, n'ont jamais pu parvenir à en faire une
passable, non pas précisément que le basque ne
puisse être soumis à des règles fixes, mais parce
que je crois qu'aucun d'eux ne s'y est trouvé assez
versé pour donner la solution de toutes les dif-

---

(1) Ainsi Aita *père*, fera Aitac *le père*, Aitaren *du père*,
Aitari *au père*, Aitaganic *du père*, Aitaz *par le père*, Ai-
tabaitan *en père*, Aitareguin *avec le père*, Aitarençat *pour*
*le père*, Aitagaïno *jusqu'au père*, etc..

ficultés qui l'auraient arrêté. Comment se flatter en effet de posséder dans toute sa pureté une langue qui peut fournir jusqu'à 4,126,564,929 mots différens (1) qui date, sinon du déluge, au moins d'une antiquité très-reculée, dans laquelle on n'a presque jamais rien écrit, qui doit par conséquent avoir perdu beaucoup de ses expressions, et qui, dans le fait, s'est tellement dénaturée dans certains cantons, que les habitans de la Biscaye ont beaucoup de peine à s'entendre aujourd'hui avec ceux du pays de Labourt. Je m'étonne que les Basques espagnols, dont quelques-uns paraissent attacher tant d'importance à leur langue, n'aient pas formé une société académique uniquement chargée du soin de rechercher les termes qui s'en sont perdus, ou au moins de conserver ce qui en reste. Faute de ce soin, la langue par excellence continuera de se perdre et de se dénaturer par le mélange des mots étrangers qui s'y introduisent tous les jours, et dans quelques siècles elle ne sera plus qu'un mauvais dialecte mêlé de toutes sortes de jargons, sans qu'il soit possible de retrouver jamais l'idiome primitif des enfans de Japhet.

---

(1) Encore Astarloa ne comprend-il dans ce nombre que les mots d'une, deux et trois syllabes qu'on peut former au moyen des onze radicales qu'il donne à la langue basque, et qui sont *a e y o u ai au ei eu oi* et *ui*, modifiées ensuite par l'adjonction des consonnes. Les mots qui ont plus de trois syllabes, et il en existe beaucoup, ne font pas partie de son calcul.

CINQUIÈME LETTRE.

Béhobie, le .......... 1819.

Ce que j'ai dit jusqu'ici sur le caractère et les usages des Basques actuels, se rapporte principalement à ceux qui habitent la partie française, et je n'ai parlé que très succinctement de leurs voisins les Basques espagnols. Quoiqu'une même origine et une longue réunion en un même corps de nation aient dû leur laisser beaucoup de points de ressemblance, il n'en est pas moins vrai que leur existence depuis plusieurs siècles au milieu de deux peuples aussi différens sous tous les rapports que le sont l'Espagnol et le Français, a mis aujourd'hui entr'eux une ligne de démarcation bien caractérisée et qui ne peut manquer de le devenir encore davantage par la suite. Déjà telle qu'elle existe, cette différence ne manque pas de frapper le voyageur du moment qu'il a traversé la Bidassoa.

Quant à moi, je n'oublierai jamais l'impression que j'éprouvai lors de mon premier voyage à Irun. C'était un jour de fête ; j'étais depuis peu de jours dans le pays, et voulant prendre une idée d'une solennité espagnole, je ne trouvais rien de mieux à faire que d'aller entendre la messe en Espagne. A peine eus-je mis le pied sur l'autre rive, que je fus arrêté au corps-de-garde par des soldats malpropres et déguenillés qu'on aurait plutôt pris pour des mendians que pour des militaires. Après leur avoir dit qui j'étais et ce que je venais faire dans leur pays, ils me laissèrent passer, et grâce à l'influence que je pouvais exercer sur la rive française, qui me mettait à même de leur rendre les mauvais procédés qu'ils auraient eu pour moi, ils ne me mirent pas à contribution, ainsi que la chose leur arrive souvent. Les douaniers dont le corps-de-garde est vis-à-vis de celui des militaires et qui n'ont ni meilleure mine, ni meilleure réputation, eurent pour moi la même déférence. Arrivé à Irun, je me crus dans un monde nouveau. Les hommes, enveloppés jusqu'aux yeux dans de grands manteaux ( la saison n'était pourtant pas avancée ), la tête couverte de larges chapeaux, les cheveux flottans sur leurs épaules, me rappelaient merveilleusement nos conspirateurs de mélodrame. Les femmes, vêtues de noir de la tête aux pieds, la tête et les épaules couvertes d'une mantille de la même couleur, me semblaient autant de pleureuses qui se rendaient à un enterrement. J'apercevais encore des religieux de différens ordres, parmi lesquels je remarquais des enfans en bas âge portant le même habit, vêtemens innocens de la superstition de leurs parens, qui, au moment de leur naissance, les avaient voués à tel ordre, jusqu'à un âge plus ou moins avancé; des prêtres coiffés d'un grand chapeau roulé, et portant par-dessus leur soutane un

large manteau noir, costume que Beaumarchais n'a pas manqué de leur emprunter pour le donner à son Bazile du Barbier de Séville. J'entrai dans l'église. Si ce que j'avais vu jusqu'alors ne m'avait inspiré que des idées passablement tristes, le spectacle qui s'offrit à moi n'était pas fait pour me les faire perdre. Au milieu d'une nef qui ne recevait de jour que ce qu'il en fallait pour rendre, suivant l'expression de Milton, les ténèbres visibles, une quantité de femmes, noires de la tête aux pieds (1) étaient agenouillées sur le carreau, tenant chacune à la main un cierge de cire jaune et un petit pain ou gâteau. Là on ne voyait ni chaise ni coussin, ni rien de ce que le luxe a imaginé pour prier Dieu à son aise; seulement quelques bancs placés dans le chœur étaient destinés aux hommes ou plutôt aux notables de l'endroit, car un grand nombre qui n'y pouvait tenir restait debout dans les côtés de l'église. Les femmes n'avaient pour tout siége que la pierre humide sous laquelle on n'avait cessé que depuis peu de temps d'enterrer les morts, et lorsqu'elles se sentaient trop fatiguées d'être à genoux, elles s'asseyaient sur leurs talons. L'illumi-

_____

(1) Cette mise, qui est adoptée dans toute l'Espagne pour les cérémonies religieuses, paraît remonter à une origine très-ancience. Strabon dit que les hommes et les femmes Cantabres étaient toujours vêtus d'une robe noire traînante.

nation des cierges , jointe à celle de l'autel , faisait ressortir un fonds de chœur tout resplendissant de dorures et enrichi de sculptures dans le meilleur goût ; des chapelles également remarquables par le travail de leurs ornemens, décoraient les deux côtés de l'église ; mais au milieu de cette magnificence, le défaut d'ordre et surtout de propreté perçait partout. Le profond silence qui régnait dans l'enceinte du temple, n'était interrompu que par les prières des prêtres et les chants qui partaient d'une tribune placée en face du chœur à l'autre extrémité de l'église, et qu'accompagnaient les accords d'un orgue ou bien le bruit des coups que les assistans se frappaient dans la poitrine avec beaucoup de recueillement. Quand le moment de l'offrande fut arrivé, toutes les figures noires défilèrent silencieusement devant l'officiant qui s'était avancé sur le devant du chœur, et laissèrent leur cierge et leur pain à un sacristain qui les jetait à mesure dans une grande corbeille. L'ensemble de cette scène avait quelque chose de sombre et de mystérieux que je trouvais bien autrement imposant que nos offices où l'on est continuellement distrait par le bruit qui se fait autour de vous. En voyant le recueillement avec lequel tout ce monde entendait la messe, je m'imaginai que la dévotion était poussée en Espagne à un point de ferveur dont nous avions perdu toute idée en France ; je ne tardai pas à m'apercevoir que je me trompais, et que tout chez eux était à l'extérieur. J'avais été étonné d'abord de ne voir à personne de livres d'église, mais je vis qu'ils n'en avaient pas besoin, puisque la plupart ne faisait aucune prière, et que toute cette ferveur qui m'avait tant édifié, consistait à se donner dans l'estomac, à certains momens, de grands coups de poing qu'ils ont le talent de bien faire résonner sans se faire de mal, et à faire force signes de croix à leur manière, c'est-à-dire, en figurant une croix d'abord sur le front, puis sur la bouche et enfin sur la poitrine avec leur pouce qu'ils baisent ensuite tendrement. Si l'on joint à cela le chapelet et quelques autres pratiques superstitieuses, on aura le fond de leur savoir en matière de religion ; et snr tout le reste ( je ne parle ici que du bas peuple ), ils sont d'une ignorance si crasse et d'une confiance si aveugle envers les prêtres et les religieux, que je ne doute pas que, s'il éclatait une révolution dans le pays, ceux - ci ne parvinssent facilement, en usant de leur influence, à soulever le peuple et à le porter à tout sous le prétexte de la défense de la religion.

Un des grands plaisirs des Basques espagnols, et c'est un goût qu'ils partagent avec le reste de la nation, consiste dans les représentations de courses de taureaux. Il n'est pas de petite ville, de bourg, ni même de village qui n'ait son combat à certains jours de l'année, à moins d'impossibilité absolue. Lorsqu'ils n'ont pas le moyen d'avoir une course en règle, ils attachent un jeune taureau, un bœuf, ou même une vache au bout d'une corde et le lâchent dans la place après ceux qui sont curieux de tenter l'aventure. Je fus témoin à Irun d'une fête de ce genre qui pensa avoir une fin tragique, mais heureusement on n'eut qu'à en rire. C'était le jour de la Saint-Jean, et la Saint-Jean est pour les Espagnols une plus grande fête encore que pour nous. On fit donc courir le taureau. L'animal était, ainsi que je l'ai dit tout à l'heure, retenu par une corde qu'on lâchait plus ou moins pour le laisser aller sur les amateurs de ce genre d'exercice, qui venaient bravement le provoquer de loin avec des bâtons ou des mouchoirs, et n'avaient pas ensuite assez de jambes pour se sauver lorsqu'il se mettait à leur poursuite. On poussait quelquefois la complaisance, pour la plus grande réjouissance du public, jusqu'à permettre à l'animal de faire une incursion sur les spectateurs bénévoles qui n'avaient alors d'autre ressource, pour éviter l'abordage, que de se réfugier dans les allées et les escaliers des maisons. Ce jeu durait déjà depuis une grande heure, et je ne sais trop comment, sans qu'il en fût encore résulté d'accident, lorsque le fils du commandant militaire d'Irun, dadais de 17 ans, s'avisa de se mettre de la partie et d'aller provoquer le taureau qui prit si bien son temps que le jeune homme, n'ayant pas le temps de se sauver, fut renversé et foulé aux pieds. Le taureau, à la suite de cet exploit, fit un

tel effort qu'il rompit sa corde et s'en fut droit devant lui. Il est inutile de demander si on se rangea
pour le laisser passer. Les bouviers, voyant leur
animal parti, se mettent à sa poursuite. Le commandant, qui était à son balcon, furieux de voir
son fils par terre, descend l'épée à la main et court
après eux pour venger son injure. L'alcade, qui
prévoit du tapage, prend sa baguette et dégrin-
gole l'escalier de l'Hôtel-de-Ville pour aller après
le commandant. Le public, qui, dans tous les
pays du monde, ne demande jamais que plaie
et bosse, se met en mouvement et court après l'alcade pour voir ce qui arriverait de tout cela ; je
me mets aussi de la partie, et je vois s'établir par
la ville une espèce de procession au galop, le taureau à la tête, qui dura jusqu'à ce que les bouviers
eussent rattrapé leur bête, que le commandant lui
eût dit forces injures, l'alcade mis le holà et le
public glosé sur le tout ; après quoi le taureau
retourna à son étable, les conducteurs au cabaret,
le commandant à son balcon pour panser son cher
fils qui avait eu plus de peur que de mal, l'alcade à l'Hôtel-de-Ville, le public où il voulut,
et moi à Béhobie.

Cette scène m'avait mis en goût des fêtes espagnoles, et me trouvant invité quelques jours après
à Hernani, pour la fête du lieu, je n'eus pas de
peine à me décider à y aller. Hernani est une petite ville du Guipuzcoa, à trois lieues d'Irun, sur

la route de Madrid. En y arrivant, je trouvai la
place disposée comme pour un tournoi : toutes les
issues étaient fermées avec des barrières, et les
curieux qui commençaient à s'attrouper, témoignaient par leur impatience l'intérêt qu'ils pre-
naient à ce qui allait se passer. A dix heures,
les croisées et les balcons se remplirent de monde,
la foule se jucha sur les balustrades et dans tous
les endroits où elle put trouver place. L'alcade
parut sur le balcon de l'Hôtel-de-Ville, accompa-
gné du corps municipal et d'une musique qui consistait en deux *chirola*, et jeta au milieu de la place
un faiseau de bâtons ferrés destinés à irriter l'animal,
et dont s'emparèrent une foule de pauvres diables
qui se promettaient un grand plaisir de cette journée. Le taureau fut lâché quelques minutes après.
Ceux qui étaient dans l'arène commencèrent par
jouer des jambes pour éviter son premier choc.
L'animal fit une fois ou deux le tour de l'enceinte
au galop, après quoi il se retira vers le centre de
la place, attendant ses ennemis de pied ferme
et sans paraître étonné de leur nombre. Ceux-ci se
rapprochèrent bientôt et commencèrent à le provoquer de différentes manières, en agitant leurs
mouchoirs, en poussant des cris ou faisant toutes
sortes de gestes et de contorsions. Le taureau,
impatienté de ces provocations, finissait par se
jeter sur l'un d'eux, qui, en fuyant, saisissait le
moment où l'animal baissait la tête, pour éviter

lestement le coup et lui planter son aiguillon dans
les épaules. Le taureau furieux s'en prenait à un
autre qui le recevait de la même façon. Au milieu
de la place était une grande jarre enterrée jusqu'à
fleur de terre , dont l'entrée était beaucoup plus
étroite que l'intérieur ; un enfant s'était mis dedans,
et chaque fois que le taureau s'approchait de lui,
il lui donnait de grands coups de son aiguillon. La
bête irritée se précipitait sur lui, mais il disparaissait
dans sa cruche , au grand étonnement de l'animal
qui passait par-dessus, ne concevant rien à cette
disparition. Deux taureadors, en veste brodée, allaient faire des salamalecs aux balcons , tenant à
chaque main un *banderillo* ( espèce de petit dard
dont le bois est enjolivé de rubans et de papier
découpé ) , qu'ils allaient planter au taureau en
l'honneur de chaque personne un peu marquante
du pays , qui témoignait sa reconnaissance en leur
jetant quelqu'argent. M. Z..... chez qui j'étais, eut
aussi son tour, mais l'expédition faite en son honneur manqua d'être funeste au taureador. Le taureau, après avoir reçu les deux *banderillos* , le
poursuivit de si près, qu'il lui emporta d'un coup
de corne la moitié de la culotte, ce qui excita de
grands cris de joie et force *bravo toro* , parmi la
canaille qui s'impatientait qu'il ne fût pas encore
arrivé d'accident. Un moment après le même individu fut jeté contre la muraille, avec tant de force
qu'il en eut la figure toute meurtrie. A mesure que

le taureau se fatiguait, on le remplaçait par un autre, après l'avoir fait sortir de l'arène au moyen d'une vache qu'on lui présentait, et qu'il finissait par suivre malgré tout ce que pouvaient faire ses antagonistes pour l'en empêcher et le faire rester dans la lice. J'en vis un pousser la hardiesse jusqu'à saisir l'animal par la queue et le suivre sans lâcher prise, pendant un demi tour de la place. Il parut successivement six taureaux qui figurèrent de la même manière, et qui distribuèrent par-ci, par-là, quelques coups de corne, dont heureusement aucun ne fut bien dangereux.

Ce ne sont pas là, comme on se l'est sûrement déjà imaginé, les grandes courses de taureaux dont tout le monde a entendu parler, où l'on combat à cheval et qui finissent toujours par la mort de l'animal et quelquefois aussi par celle du cheval et du cavalier. Celles-là n'ont lieu que dans les villes d'une certaine importance et seulement dans les grandes occasions. Elles coûtent ordinairement beaucoup d'argent. Les combattans sont divisés en trois classes, les *taureadors* qui combattent à pied et sont munis d'un petit manteau à l'aide duquel ils échappent au taureau qui tourne sa fureur contre ce chiffon qu'ils lui abandonnent. Ils sont chargés de l'irriter, ce qu'ils font au moyen de leur manteau qui est ordinairement d'une couleur éclatante et des *banderillos* qu'ils lui enfoncent dans les épaules. Les *picadores*, qui sont armés d'une lance, combattent à cheval. Ce sont ceux qui courent le plus de dangers, parce qu'on n'employe à ces courses que de mauvais chevaux qui finissent toujours par être éventrés. Enfin le *matador* qui doit porter le dernier coup et tuer l'animal. Il combat à pied, armé seulement d'une épée avec laquelle il attend le taureau, et lorsque celui-ci baisse la tête pour fondre sur lui, il doit lui enfoncer le fer entre les deux épaules, de manière qu'il tombe sur le coup et meure sans bouger de place. Ces matadors sont les chefs des autres, et ordinairement ils sont à la tête de troupes qui vont, comme nos sauteurs, de ville en ville, pour exercer leurs talens dans les fêtes publiques, qui se passent rarement sans courses. Les dernières qui eurent lieu à la foire de Pampelune, furent, dit-on, très-brillantes. On tua jusqu'à dix taureaux dans une seule séance, trente ou quarante chevaux furent éventrés, et un officier espagnol, qui s'était mis imprudemment sur le passage d'un des taureaux, fut tué sur la place. Quant aux coups de corne distribués, on ne les compta pas.

Mais revenons à Hernani. Après que les six taureaux eurent successivement paru, il y eut relâche pour le temps du dîner, puis la course recommença. Le peuple, animé par les scènes du matin, excitait les acteurs et les taureaux, et applaudissait ou injuriait les uns et les autres, suivant qu'ils s'étaient bien ou mal comportés.

Moi-même j'étais étonné de l'intérêt que m'inspirait ce spectacle dont je m'étais d'abord fait une idée désagréable, et je me surprenais quelquefois désirant que quelques *cornadas* fussent appliquées, pour animer la scène. Mais l'après-dîner se passa sans accident, si ce n'est pourtant la bousculade d'un maladroit qui se trouva sur le chemin du taureau au moment où il en poursuivait un autre. Après que six taureaux eurent encore figuré, le spectacle fut de nouveau interrompu et bientôt après commença le *zorzico* ou *carica-dansa*, danse des rues. Jusqu'alors je n'avais vu que l'Espagnol, mais du moment qu'il fut question de danser, le caractère basque reprit le dessus. Les commencemens se ressentirent cependant encore de la gravité castillane. L'alcade, précédé de la musique (1), sortit de l'Hôtel-de-Ville, suivi des membres de la justice et des notables de l'endroit, se tenant tous par la main et paraissant disposés à former une danse de caractère. Ils firent d'abord fort gravement un tour de la place, après quoi l'alcade, qui n'était pas un danseur, se fit remplacer par son second qui ne tarda pas à figurer d'une autre ma-

(1) Les zorzicos se dansaient autrefois, dans le pays basque, sans instrumens et seulement au son de la voix. Il y avait, en guise d'orchestre, des chœurs de jeunes gens de l'un et de l'autre sexe qui entonnaient des chansons au milieu de la place. On a remarqué que leurs airs, de même que ceux d'aujourd'hui, étaient toujours en mineur.

nière. Le deuxième tour n'était pas encore fini, que
la file s'arrêta et notre homme se mit à danser ou
plutôt à *gigoter* de la manière la plus plaisante,
sans cependant quitter la main de son voisin. La
marche reprit et un instant après le trémoussement
recommença, toujours exécuté par le même individu et sans que les autres perdissent le moins du
monde leur sang-froid et remuassent les jambes
autrement que pour marcher. Cependant pour di-
versifier, il arrivait quelquefois que les deux extrémités de la file se rapprochant, le dernier, qui
se trouvait alors en face du danseur, se mettait
aussi de la partie et tous deux se trémoussaient de
leur mieux. Après une demi-heure de semblable
exercice, on jugea qu'il était à propos d'y faire
participer les dames, et quatre commissaires furent
détachés pour aller faire les invitations. Afin de
faire durer le plaisir plus long-temps, ils avaient
soin de n'en amener qu'une à la fois. Ils allaient
d'abord la présenter au danseur, qui témoignait
tout le plaisir qu'il en avait par quelques grands
coups de jarrets ( c'était là le moment de se montrer surtout si la danseuse était jolie ), ensuite elle
était mise entre deux hommes qui tiraient chacun
leur mouchoir et lui en donnaient un bout à tenir.
Pendant ce temps, la marche continuait toujours
jusqu'à ce qu'à la fin il y eut autant de femmes que
d'hommes, et la maladie de la danse devenant
contagieuse, peu à peu chacun s'en mêla, d'abord

sans de grands mouvemens, puis ensuite de tout son
cœur et de toutes ses jambes. Ceux qui jusque-là
s'étaient bornés au rôle de spectateurs , ne purent
y tenir plus long-temps : chacun tira son mouchoir
et le présenta à sa voisine , et quand vint la nuit, il
n'y avait plus pour galerie que quelques curieux et
quelques prêtres. Riches, pauvres, jeunes et vieux,
toute la population était en danse et tous gam-
badaient à qui mieux mieux, chacun tirant après
soi sa chacune et tournant autour de la place en
bandes plus ou moins nombreuses qui se succé-
daient continuellement. Tout-à-coup la musique
changea de mesure et la scène changea de même
en un instant : chacun se fit une ceinture de son
mouchoir et on se mit à figurer deux à deux et à
danser une espèce de *fandango*, non plus comme
auparavant, seulement avec les jambes ; mais la tête,
les bras, les hanches, tout était en mouvement.
On se fuyait, on se rejoignait, on se croisait sans
jamais se toucher et sans perdre jamais la mesure.
Au fandango succéda une troisième danse sur un
mouvement encore plus vif, appelée *trompa dansa*
en basque, parce qu'autrefois on la dansait au son
des guimbardes. Ce fut alors le *nec plus ultrà* de
la gaîté. Il est impossible de se figurer rien de pareil ; la place était éclairée par quatre feux de joie
auxquels fournissaient amplement quatre voitures
de fagots données par la ville ; et toute cette population sautant à la lueur des flammes , présentait

le coup d'œil le plus original. Je me croyais dans le royaume des fous. Après la *trompa dansa*, pour reposer les danseurs, on recommençait le *zorzico* sans aucun intervalle, et chacun, présentant son mouchoir à sa danseuse, se remettait en course comme auparavant. Les feux étaient loin de mettre un obstacle : au lieu de les éviter on sautait par-dessus, comme dans les fêtes de Palès, et la joie allait en augmentant. Ces gens étaient infatigables. Enfin il fallut cesser ; la danse durait depuis trois heures et les feux tiraient à leur fin, lorsque l'alcade, jugeant qu'il y en avait assez pour un jour, fit un signe de sa baguette ; la musique se tut aussitôt. Au bout de cinq minutes la place était déserte et le plus profond silence y régnait.

Je me persuadais qu'il faudrait au moins huit jours pour remettre tout ce monde d'une telle fatigue, mais le lendemain dès le matin la foule couvrait la place et attendait que l'on fît de nouveau courir les taureaux. Les scènes de la veille recommencèrent ; mais cette fois on était plus aguerri ou les taureaux étaient plus fatigués. Beaucoup de gens de la campagne, accoutumés à maîtriser les bestiaux, ne se donnaient plus la peine de mettre entr'eux et l'animal la balustrade qui fermait l'arène, et quoiqu'ils ne fussent que simples spectateurs, ils se portaient dans l'enceinte pour mieux voir ; et quand le taureau venait de leur côté, sans reculer d'un seul pas, ils levaient leurs bâtons

ferrés dont ils frappaient la terre à grands coups,
et faisaient si bonne contenance, qu'il n'osait jamais
les enfoncer. D'un autre côté, des farceurs s'amu-
saient à former dans un des coins de l'arène toutes
sortes de danses grotesques, et quand ils étaient in-
terrompus par le taureau, ils se mettaient un moment hors de sa portée et recommençaient l'instant
d'après. Aux mêmes courses de la veille succé-
dèrent les mêmes danses, et on n'y mit pas moins
de gaîté. Le troisième jour on recommença encore,
mais ce fut pour la dernière fois.

En visitant l'église d'Hernani, qui est assez belle,
j'y trouvai le tombeau du soldat qui fit François Ier prisonnier à la bataille de Pavie (1). Il était
né à Hernani. Une inscription pleine de jactance
et de forfanterie, incrustée dans un des côtés du
chœur, rappelle ce fait qui a valu à son auteur, Jean
de Urbieta, de la part de l'empereur Charles-Quint,
des distinctions dont sa famille est encore investie.
L'église, l'Hôtel-de-Ville qui est soutenu par des
arcades qui occupent un des côtés de la place, et
un beau jeu de paume pavé de larges pierres, sont
à peu près tout ce qu'il y a à voir à Hernani.

(1) Nous ne sommes pas d'accord sur ce point avec les
Espagnols, et nos historiens prétendent que c'est à un
gentilhomme français nommé Pompéran, qui avait suivi
le connétable de Bourbon, que François Ier rendit son
épée.

Saint-Sébastien n'étant qu'à une lieue de là, je ne voulus pas manquer l'occasion d'y aller. Tombée d'abord au pouvoir des Français dans la dernière guerre d'Espagne, cette ville fut ensuite assiégée par Wellington, qui la prit après un long siége pendant lequel il la brûla presque toute entière, fidèle en cela au système qu'avait adopté l'Angleterre dans son alliance avec l'Espagne, de détruire tout ce qui pouvait lui porter ombrage sous le rapport du commerce, et de ne montrer de l'humanité que lorsque son intérêt n'en souffrait pas. Aussi le nom anglais est-il resté en horreur aux habitans qui célèbrent tous les ans, en grande pompe, une messe funèbre en commémoration de ce triste événement; et je ne conseille pas au noble lord, malgré le titre de libérateur de l'Espagne qu'on lui a donné, de se présenter à Saint-Sébastien : bien certainement les habitans lui témoigneraient leur reconnaissance d'une manière qui ne serait pas de son goût.

Rien de plus pittoresque que la position de cette ville. Du milieu d'une baie demi-circulaire, large de plus d'une lieue, s'élève une montagne dont la masse pierreuse a seule résisté à l'irruption que la mer a faite sur les terres environnantes. C'est au pied de cette montagne, du côté de la terre, qu'est construit Saint-Sébastien, qui ne communique au continent que par un pont qui fut détruit pendant la dernière guerre et qu'on a remplacé provisoire-

ment. Par cette position, la ville se trouve à l'abri
d'un coup de main, et les bâtimens qui viennent
chercher un asile dans son port, sont garantis du
mauvais temps. La citadelle est placée sur le sommet de la montagne et elle est presque inexpu-
gnable.

Une seule rue fut conservée dans Saint-Sébastien, lors de l'incendie. C'est celle qui est adossée
à la hauteur, et où se trouvent les trois églises qui
ont été ainsi préservées presque miraculeusement.
On a déjà beaucoup rebâti. Le gouvernement espagnol, pour engager les propriétaires des maisons
à les relever au plus vite, les a menacés, s'ils ne se
hâtaient pas, de disposer du terrain ou de faire
reconstruire à leurs frais. Grâce à cette injonction
paternelle, les deux tiers de la ville sont aujour-
d'hui à neuf. On a suivi pour la réédification des
maisons, un plan tout-à-fait régulier, et si on n'a
pas choisi un modèle rigoureusement approuvé
par les règles de l'art, il offre au moins une symé-
trie qui frappe l'œil agréablement, et l'ensemble
fera toujours un bel effet. La place qui n'est pas
encore achevée, est disposée de la manière la plus
favorable pour les courses de taureaux, en ce
qu'elle n'a que deux issues qu'il sera facile de clore
au besoin; et le rez-de-chaussée des maisons est
disposé en arcades sous lesquelles le peuple pourra
trouver un abri.

On conjecture avec quelque fondement, d'après

la forme et la position de la montagne qui domine Saint-Sébastien, que c'est elle que les Grecs et les Romains ont désigné sous le nom du promontoire *Salus.*

De Saint-Sébastien on peut revenir à Irun de deux manières, en allant prendre la grande route à Oyarson, joli bourg que j'avais traversé en allant à Hernani, ou bien en gagnant la petite ville du Passage entre Saint-Sébastien et Fontarabie ; dans ce dernier endroit se trouve un port excellent et dont la nature a fait tous les frais. Qu'on se figure une montagne entière qu'un bouleversement inté-rieur aurait séparé en deux et dont la scission au-rait ouvert un passage aux eaux de la mer, et l'on aura une idée assez exacte de l'entrée de ce port. A deux ou trois cents pas de son embouchure, le chenal ainsi formé vient aboutir à un immense bassin dont le mouillage est excellent et qui pour-rait contenir des flottes entières et des bâtimens de toute grandeur. La ville ne consiste qu'en une longue rue adossée contre la montagne, et qu'on a laissée très-étroite, tant à cause du peu de terrain qu'on avait pour bâtir, que pour éviter la grande chaleur occasionnée pendant l'été, par la répercus-sion du soleil contre le rocher; souvent même les maisons des deux côtés de la rue se rejoignent, de sorte qu'on se croirait autant dans un corridor que dans une rue. Le Passage qui ne tire ses res-sources que de l'arrivée des bâtimens, est aujourd'hui dans un état de misère qui fait pitié; son port, malgré sa bonté, est presque abandonné à cause de la proximité de Saint-Sébastien qui lui enlève tout.

A un quart de lieue de là on rencontre, dans une jolie position, le village de Lesso où vient se terminer le bassin du Passage. Lesso est fameux chez les âmes dévotes par un pélerinage qu'on vient y faire le 14 septembre de tous les coins du pays Basque, tant français qu'espagnol. Pendant la nuit ou même dès la veille, suivant la distance qu'on a à parcourir, chacun se met en route, et au point du jour toutes les avenues du village sont couvertes de monde qui arrive de tous côtés. Rien de plus comique alors que le coup-d'œil qui se présente. Tous ces gens qui ont marché une partie de la nuit dans des chemins boueux et difficiles, s'arrêtent à l'entrée du village pour faire un peu de toilette; l'un met ses bas, l'autre ses culottes, ceux qui n'ont pas de quoi changer font leur lessive au ruisseau le plus voisin; les femmes qui aiment un peu plus le mystère dans leur toilette, cherchent un asile derrière quelque coin de haie, mais quand elles n'en trouvent pas, elles s'en passent. Le bassin du Passage qui vient baigner le pied de la petite éminence où est situé Lesso, n'offre pas un spectacle moins animé. De nombreux bateaux qui amènent les habitans de Saint-Sébastien et des communes voisines, le sillonnent dans tous les sens. Le grand plaisir de ceux qui montent ces bateaux est de s'accabler d'injures les uns les autres, et de se dire tout ce qu'ils peuvent imaginer de plus grossier et de plus sale lorsque les bateaux viennent à se croiser. Malheur surtout aux Français ; la courtoisie dont se piquaient autrefois les Espagnols envers les étrangers est tout à fait oubliée ce jour là, et ils sont encore plus maltraités que les autres. Comme on s'est fait d'avance un grand plaisir de cette fête, une joie bruyante se manifeste partout, et il faut avoir été témoin de la grosse gaîté espagnole pour s'en faire une idée ; notre gaîté populaire serait une gaîté de salon en comparaison. On commence cependant par aller faire ses dévotions ; la chapelle des capucins ne désemplit pas pendant toute la matinée, puis chacun s'occupe de son dîner. Des marchandes de fruits, de pains, de vins, de cochonnailles et de pâtisseries s'établissent par toute la place ; on fait la cuisine en plein vent : on voit surtout de grandes marmites remplies de tomates dont les paysans sont fort gourmands. Celui qui a le gousset garni achète un petit pain sur lequel il va s'en faire étendre pour un sou ; mais celui qui n'a pas le moyen d'avoir les deux, et on sait que les pélerins ne sont pas forts en argent comptant, ne manque pas de choisir les tomates de préférence, et ne sachant où les mettre, il présente ses deux

mains. La marchande vuide sa cuillere, mais quelquefois le mets est bouillant, et l'acheteur brûlé
secoue la main et laisse tomber son dîner, ou
bien il se venge en collant le mets bouillant sur
la figure de la marchande, qui lui riposte avec sa
cuillere, *inde iræ*... Il en résulte des combats, des
querelles qui ne sont pas ce qu'il y a de moins
amusant dans la fête. La journée ne se passe pas
sans qu'une bonne moitié de tout ce monde ne
soit complettement ivre, et le soir tous ceux qui
peuvent encore se tenir sur leurs jambes, s'en re-
tournent en chantant à tue-tête, le tout pour la
plus grande gloire de Dieu.

Quand on arrive à Lesso du côté de France,
on est assailli par une troupe de femmes qui veulent, en dépit que vous en ayiez, vous passer dans
leurs bateaux de l'autre côté du bassin. L'une
vous prend par le bras, l'autre par la jambe, une
troisième vous monte sur le dos et si on les laissait faire elles vous porteraient de gré ou de force
dans leurs embarcations. Ces femmes, long-temps
accoutumées à voir des marins de toutes les nations, ( le port du Passage était très - fréquenté
pendant la dernière guerre par les bâtimens de
transport tant anglais que français ), ont conservé de leurs relations avec eux un jargon mêlé
d'espagnol, de gascon et d'anglais, qu'il est presque
impossible de comprendre ; et comme elles sont
rarement d'accord entr'elles, on peut se faire une

idée du bruit et du déluge de paroles qui accom-
pagnent leurs disputes au sujet des étrangers
qu'elles veulent s'enlever l'une à l'autre. On n'a
plus alors d'autre ressource que de se boucher
les oreilles et de s'enfuir.

De Lesso à Irun la traverse est très-mauvaise,
tant pour les piétons que pour les montures. Elle
jouit en outre d'une assez mauvaise réputation,
suite des nombreux assassinats qui s'y sont commis pendant la dernière guerre. Quoique aujour-
d'hui cette habitude soit à-peu-près perdue, cependant on n'a pas jugé inutile de placer dans
l'endroit le plus suspect deux gardiens qui vous
offrent une escorte, si vous craignez d'être arrêté;
que vous l'acceptiez ou non, ils ne vous en font
pas moins contribuer d'une pièce de vingt ou trente
sous, probablement pour empêcher qu'on ne vous
la vole.

Je finirai cette lettre par quelques détails sur
le gouvernement du Guipuzcoa. J'ai dit pré-
cédemment qu'en 1200, lorsque cette province
se donna à la couronne de Castille, il avait été
stipulé qu'elle continuerait de se régir d'après ses
fors et coutumes. Ce même traité lui assurait de
grands priviléges qui furent confirmés par différens
souverains. Henri IV de Castille lui donna, en 1466,
le nom de province très-noble et très-fidèle; et
Ferdinand le catholique, par lettres patentes de
1480, reconnut pour nobles tous les Guipuzcoans

de quelque qualité et condition qu'ils pussent
être. Philippe III, en 1608, voulant prévenir les
difficultés qu'ils éprouvaient à ce sujet dans les
autres provinces d'Espagne, ordonna que lorsqu'un natif du Guipuzcoa aurait prouvé son origine par une enquête juridique dans sa province,
il serait déclaré gentilhomme et jouirait de ses
droits comme tel.

La constitution du Guipuzcoa admet une parfaite égalité entre tous ses habitans, et si parmi
eux un petit nombre de familles jouissent, par
exception à cette règle, de titres héréditaires de
comtes ou de marquis, elles n'en ont jamais eu
pour cela sur les habitans d'autre influence que
celle que leur donnent leur fortune ou la considération personnelle dont elles jouissent.

Le gouvernement actuel de la province est presque entièrement démocratique. Le roi n'y a que
le droit de suzeraineté et n'y perçoit aucun impôt. Il y nomme seulement un capitaine général
pour tout ce qui tient au militaire, et un corrégidor
comme grand juge en fait de matière criminelle.
Pour le reste, la province se régit elle-même. Tous
les ans la junte s'assemble le 2 juillet. Elle est
composée de 18 députés, élus par les dix-huit
principales communes, dont la réunion a lieu à
tour de rôle dans les quatre villes suivantes, savoir : Tolosa, Saint-Sébastien, Azpetia et Goi-
zueta. On s'occupe d'abord d'y nommer sept dé-

putés généraux qui doivent composer le conseil qui subsiste toute l'année ; on y traite ensuite des affaires de la province ; on y vote les impôts, les moyens de perception, etc. On y nomme l'alcade de *sacas*, chargé du recouvrement des droits, qui change également tous les ans. Un seul député général, auquel on adjoint un bureau composé de deux avocats et d'un secrétaire, reste chargé de la signature et de l'expédition des affaires courantes pendant l'année ; mais s'il survient la moindre difficulté, il appelle ses collègues pour décider la chose ; si ceux-ci ne se croient pas en état de donner une solution, on remet l'affaire à la prochaine junte, ou bien si le cas est urgent, on convoque la junte extraordinairement. Aucun ordre du roi n'est rendu exécutoire qu'après qu'il a été sanctionné par le conseil général, et lorsqu'il demande de l'argent, ce qui arrive assez fréquemment, ce n'est qu'à titre de don gratuit qu'on lui en accorde, et quelquefois même il arrive qu'on lui en refuse.

Dans les communes, les nominations d'alcade ou maire et d'alcade de *sacas* ou receveur des impôts, sont faites également tous les ans par les habitans qui se rassemblent à jour fixe pour y procéder à la pluralité des voix.

Les Guipuzcoans, suivant un auteur basque (Zamacola), sont francs, libéraux et gais ; mais ils sont considérés pour l'ordinaire comme ayant la tête

légère et comme peu scrupuleux dans l'accomplisse-
ment de leurs promesses. C'est de là qu'il fait venir
le nom de Guipuzcoa, qui en basque signifie *de
viento* ou *de nada*, de vent ou de rien.

### SIXIÈME LETTRE.

Béhobie, le......1819.

En sortant de Béhobie pour aller à Bayonne,
on monte pendant près d'une demi-heure jusqu'à
la Croix des Bouquets, point où la route traverse
les hauteurs que forme le côté droit de la vallée
de la Bidassoa. Ce lieu rappelle une sanglante affaire qui eut lieu entre les émigrés et l'armée républicaine au commencement de la révolution.
Il jouit de plus d'une assez mauvaise réputation
à cause de la préférence que lui ont toujours donnée ceux qui ont à commettre dans le pays quelque mauvais coup, comme étant le plus propre à
leur assurer l'impunité par l'éloignement où il est
de toute habitation. De là on peut jeter un coup-
d'œil sur l'Espagne et sur les montagnes qui entourent de toutes parts le bassin d'Irun. C'est la
première vue qu'on ait de ce royaume quand on
vient de Bayonne ; mais une autre encore plus
belle se présente du côté de la France ; elle comprend la partie du pays de Labourt, qui s'étend
depuis le rivage de la mer jusqu'au premier chaî-

non. des Pyrénées. La plus haute cime de ce chaînon est la montagne de Larhune, l'orgueil des
Basques de ce canton, dont quelques-uns la con-
sidèrent de bonne foi comme la plus élevée des
Pyrénées, quoiqu'il s'en faille de plus des deux
tiers. Larhune ne reconnaît de rivale dans tout le
pays environnant, que la montagne d'Haya ou des
Trois Couronnes, située en Espagne, sur la droite
d'Irun. De ces deux sommets que j'ai gravis plusieurs fois et dont la hauteur peut s'évaluer de 5
à 600 toises, on jouit d'une perspective admirable.
Le golfe de Gascogne déploie ses rivages depuis
le cap qui est au-delà de Bilbao, jusqu'à l'embouchure de la Gironde, où la vue se perd dans les
brumes qui s'élèvent au-dessus des grandes landes.
Larhune l'emporte peut-être en élévation sur la
montagne d'Haya, mais celle-ci, plus sauvage et
plus difficile à gravir, plaira beaucoup plus aux
amateurs de montagnes. Déjà bouleversée par les
violentes secousses qu'elle paraît avoir éprouvées
naturellement, elle a été en outre déchirée par la
main des hommes; et on y voit encore les traces
des nombreuses fouilles qu'y ont faites les anciens,
pour extraire le cuivre, le fer, le plomb, l'or et
l'argent qu'elle recelait dans son sein. « Ces fouil-
» les, dit l'abbé Palasson dans ses *Mémoires*
» *pour servir à l'histoire naturelle des Pyrénées,*
» ont occasionné les travaux les plus étonnans.
» M. Thalaver, qui, à la lueur des flambeaux, a

» pénétré dans le sein de la montagne de Haya,
» parcouru quelques-unes de ses profondes et
» vastes galeries, sondé plusieurs vastes cavités,
» et qui n'a pu voir sans une surprise mêlée d'ad-
» miration leurs spacieuses voûtes ornées des plus
» brillantes cristallisations, assure que lors même
» que 600 travailleurs seraient occupés , chaque
» jour, pendant 200 ans, à percer des rochers de la
» nature de ceux qui composent cette riche mon-
» tagne, ils ne parviendraient pas à former de si
» grandes excavations. On s'étonne qu'ayant été
» creusée dans un aussi grand nombre de parties
» de son énorme masse, elle n'ait pas croulé toute
» entière sur ses propres fondemens. M. Thalaver
» ajoute qu'il faudrait une quinzaine de jours pour
» visiter ces immenses excavations et leurs téné-
» breuses routes. On compte au dehors quatre-
» vingts puits, quarante-six galeries, et les cavités
» intérieures sont innombrables, etc. »

J'avoue que M. Thalaver a vu dans la montagne
de Haya beaucoup plus de choses que moi; j'y ai
bien rencontré beaucoup de cavités , des crevasses
profondes, mais peu d'entr'elles étaient praticables;
et si l'on tentait de les parcourir, on était
bientôt rebuté par les dangers de l'entreprise; elles
étaient la plupart remplies d'eau ou présentaient
des précipices si épouvantables que l'idée seule de
s'y exposer était capable de faire perdre la tête.
Le minerai de fer se rencontre partout dans Haya;

plusieurs fois on a tenté de l'employer dans les forges du pays, mais le fer qui en provenait était tellement aigre qu'on a été obligé d'y renoncer et de se servir comme par le passé de la mine qu'on fait venir de Bilbao.

De la Croix des Bouquets, on descend par une pente douce jusqu'à Urrugne, joli village dont les habitans et surtout les habitantes sont cités comme le plus beau sang du pays basque : plusieurs autres communes du Labourt, telles que Cibourre, Bidart, Sarre, Saint-Pé, etc., partagent cette réputation. A dix minutes de là on passe vis-à-vis le château d'Urthubie, dont les seigneurs avaient autrefois de grands priviléges et jouaient un grand rôle dans la province. C'est au sujet d'une dispute entre les seigneurs d'Urthubie et de Saint-Pé, qui prétendaient tous deux à la nomination des baillis, qu'eurent lieu les troubles qui éclatèrent, en 1643, dans le pays de Labourt, et divisèrent les habitans en deux partis connus sous le nom de *sabel gorry*, ( ventres rouges ) et *sabel chury* ( ventres blancs ). Le souvenir de cette guerre s'est conservé par tradition, et le nom de *sabel gorry* est encore employé aujourd'hui comme une injure. Pour donner une idée de l'acharnement qui agitait les esprits à cette époque, je ne citerai qu'un trait parmi beaucoup d'autres, que, dans les longues soirées d'hiver, me racontait, dans son jargon presqu'inintelligible, mon hôte Ganetschique, qui m'a cent

fois rappelé le *Jedediah Cleisbotham* de sir Wal-
ter Scott. Un jour le curé d'Urrugne, fatigué de
voir la discorde régner parmi ses ouailles, fit en
chaire une violente sortie contre l'auteur de ces
désordres. Sans le nommer positivement, il dési-
gna si clairement le seigneur d'Urthubie, que celui-ci, qui entendait tout de son banc seigneurial,
ne put s'empêcher de faire au prédicateur un geste
expressif qui semblait lui promettre le châtiment
de son audace. Quelque temps après, le curé étant
sorti le soir, fut assailli par un homme armé d'un
sabre; il prit la fuite, et il était au moment d'échapper, lorsqu'un morceau de bois le fit trébucher et
fut cause qu'il fut impitoyablement assassiné. On
se douta bien de quelle part le coup était venu.
L'auteur du meurtre ayant été connu dans la suite
pour être un paysan des environs, le jurat reçut
ordre de l'arrêter et fit investir sa maison. L'assas-
sin, surpris, ne voyant aucun moyen de s'échapper, n'eut que le temps de recommander à son fils
de bien reconnaître celui qui venait pour le prendre. C'était lui recommander la vengeance. Le
procès ayant été informé, le coupable fut pendu,
et ce qui paraîtra peut-être plus étonnant, pendu
tout seul, soit qu'il eût eu la constance de taire le
nom de celui qui avait ordonné le crime, soit que
le crédit et la réputation du seigneur d'Urthubie
eussent effrayé les juges. Le jurat étant allé quelques mois après passer la nuit dans une petite mé-

tairie isolée, fut éveillé par une voix qui l'engageait
à sortir promptement, parce que le loup venait
d'entrer dans la bergerie et qu'il faisait beaucoup
de ravage parmi ses brebis. Craignant quelqu'em-
bûche, le jurat eut le bon esprit de ne pas bouger,
mais regardant à travers le trou de la serrure, il reconnut le fils du pendu, qui voulait probablement
tenir la parole qu'il avait donnée à son père. L'histoire ne disait pas si ce bon fils avait mieux réussi
une autrefois dans ses projets : mon hôte en res-
tait-là, et son grand-père, de qui il tenait toutes
ces belles histoires, ne lui en avait jamais dit davantage.

M. de L.... qui habite aujourd'hui le château
d'Urthubie, n'a pas hérité des mœurs hautaines de
ses ancêtres. Il a fait de cet antique manoir une
charmante habitation où il vient passer la belle
saison, et dont il se plaît à rendre le séjour agréable à tous ceux qui viennent le visiter.

A un quart de lieue d'Urthubie, on entre dans
Cibourre, anciennement Çubibourre, dont les Basques ont voulu absolument faire un bourg séparé
de Saint-Jean-de-Luz, quoique dans le fait ce ne
soit que la partie de cette ville qui est située sur
la rive gauche de la Nivelle. Une longue rue se présente d'abord, dont les montées, les descentes, et
le détestable pavé vous fatiguent horriblement,
et l'on arrive au bord de cette rivière que traver-
sent deux ponts de bois, séparés par une petite

île, où se trouvaient le couvent et l'église des récollets, vendus pendant la révolution et convertis depuis en auberge. Ce fut en 1559, si l'on en croit les archives de Saint-Jean-de-Luz, que fut construit le premier pont qui joignit cette ville avec Cibourre. Il était alors placé sur le canal qui sert à l'entrée du port. Charles IX étant venu, en 1563, /5 dans le pays pour voir sa sœur Anne d'Espagne, trouva ce pont trop petit et ordonna d'en faire construire un plus spacieux. Lorsque ce dernier eut été détruit, le pays ayant refusé de contribuer à son rétablissement, on passa pendant quelque temps sur des bateaux, et en peu d'années plus de 500 personnes et beaucoup de bestiaux périrent dans la traversée. Enfin les deux communautés de Cibourre et de Saint-Jean-de-Luz, touchées de ces accidens, firent, en 1606, les frais d'un pont qui fut construit à peu près à l'endroit où il existe aujourd'hui. Depuis il a toujours été renouvelé à mesure qu'il est tombé de vétusté.

Quand on a traversé la rivière, on a devant soi plusieurs maisons flanquées de tours ou de pavillons carrés, dont les étages ornés d'arcades rappellent un peu l'architecture moresque, qui a tant contribué à l'embellissement des anciennes villes de l'Espagne. L'une d'elles est celle où logea Louis XIV, à l'époque de son mariage avec Marie-Thérèse d'Autriche; et sur le quai qui fait suite à la place, à plus de 300 pas de là, on en montre une autre qu'habitait la princesse. Une longue galerie en bois fut pratiquée d'une fenêtre à l'autre de ces deux maisons, afin que le roi ne fut pas obligé de descendre dans la rue pour aller voir sa femme. Saint-Jean-de-Luz garde encore avec une sorte d'orgueil, le souvenir de ce mariage qui fut célébré en 1660. La ville obtint le maintien des priviléges qui lui avaient été conférés, en 1463, par Louis XI, renouvelés par François I<sup>er</sup> et depuis par Louis XIII. Elle fut aussi autorisée à prendre les mêmes armoiries que la ville de Paris, d'où lui vint le surnom de *Petit Paris*, qu'on lui donne encore quelquefois dans le pays. Le roi déploya dans cette occasion toute sa magnificence accoutumée, et la ville ne négligea rien pour y répondre dignement. La rue qui conduisait à l'église était tendue des plus riches taprisseries, et après la cérémonie, on jeta au peuple une grande quantité de pièces d'or et d'argent frappées pour la circonstance et représentant d'un côté le monarque et de l'autre Saint-Jean-de-Luz sur lequel tombait une pluie d'or, avec cette inscription *quo non latior alter.* A cette occasion il fut accordé amnistie générale pour tous les excès commis au sujet des *sabel chury* et *sabel gorry*.

En 1520 sortirent du port de Saint-Jean-de-Luz les premiers navires destinés à la pêche de la baleine. Ses hardis marins enseignèrent ensuite cette pêche aux Hollandais, et il y a à peine 150 ans que

Michelina de Cibourre naviguait sur les bâtimens de cette nation, pour les instruire sur la manière d'attaquer et de prendre ce poisson monstrueux. Cette pêche qui se faisait d'abord à l'embouchure du fleuve Saint-Laurent, ne tarda pas à s'étendre jusqu'aux glacés du Groënland et du détroit de Davis. Peu à peu les Basques l'abandonnèrent aux navigateurs du nord qui se trouvaient beaucoup plus à portée qu'eux, pour ne plus s'occuper que de celle du banc de Terre-Neuve, à laquelle les communes qui bordent la mer continuent d'envoyer tous les ans une grande partie de leur jeunesse sur les navires qui partent de Saint-Jean-de-Luz ou de Bayonne. Un fait dont je fus témoin prouve que les Basques n'ont pas tout-à-fait oublié la manière d'attaquer la baleine, et que s'ils ont discontinué cette pêche, ce n'est pas que l'intrépidité leur ait manqué. Un de ces poissons qui s'était égaré dans l'immensité des mers, probablement après avoir été poursuivi par quelque vaisseau baleinier, parut un beau matin dans la baie de Saint-Jean-de-Luz. Une foule immense se porta sur les jetées. L'animal, dont la longueur n'était pas moindre de 40 à 50 pieds, disparaissant et reparaissant tour à tour sur la surface des flots, semblait se plaire à se donner en spectacle. A cette vue, les vieux marins rappelant leurs anciennes prouesses et celles de leurs ancêtres, sentent renaître dans leur cœur le courage de leur jeunesse ; déjà ils parlent

d'aller attaquer la baleine, lorsqu'on voit sortir du
port un léger canot monté par l'adjoint de la mairie,
M. M..., ancien capitaine de navire, et quelques autres habitans. Ils s'avancent vers l'énorme animal,
qui, loin de chercher à les fuir, semble au contraire
se diriger droit sur eux. Un choc a lieu. L'eau sou-
levée par les battemens de queue du monstre, dé-
robe à tous les yeux la fragile nacelle et ceux qui
la montent. Un cri s'élève.... mais bientôt elle
reparait entraînée avec la rapidité d'une flèche
par le cétacée, qui, frappé d'un harpon, s'était
précipité dans le fond de la mer. En vain les as-
saillans se hâtent de lâcher le cordage auquel l'instrument était fixé. Une seconde de plus et ils
étaient engloutis... lorsque par bonheur le harpon se détache et les laisse continuer tranquillement leur navigation, tandis que l'animal blessé
va reparaître à 500 pas de là, pour replonger de
nouveau et regagner ensuite la haute mer où on
le perdit de vue.

Saint-Jean-de-Luz, qui compte à peine aujour-
d'hui 4000 âmes de population, y compris Cibourre,
possédait, en 1650, suivant le dénombrement qui
fut fait à cette époque dans la province, 1300 feux
( environ 15,000 habitans ). En 1614, la ville fut
assez riche pour envoyer au secours de l'île de
Rhé, alors assiégée par les Anglais, quatorze
pinasses armées à ses frais, service pour lequel
Louis XIII lui fit faire des remercîmens qui sont

encore consignés dans ses annales. On peut juger par cette circonstance combien la navigation de ce port devait être alors florissante, et combien elle est déchue aujourd'hui qu'elle se trouve réduite à l'expédition annelle de trois ou quatre navires pour la pêche de la morue et au cabotage d'une ou deux pinasses qui font le voyage de Saint-Sébastien. A l'époque de la révolution son commerce était déjà chancelant depuis long-temps; l'abolition des priviléges du pays de Labourt lui porta le dernier coup. Depuis la situation de Saint-Jean-de-Luz a toujours empiré. Ses plus riches habitans ont quitté le pays, et beaucoup de ses maisons, faute d'être occupées, tombent en ruines. Un ennemi plus redoutable encore est venu conspirer contre cette ville déchue. La mer qui a déjà rompu maintes et maintes fois les digues qu'on lui avait opposées, menace à chaque instant de l'engloutir, et des ruines d'habitations dont on aperçoit aujourd'hui des vestiges sous le sable, attestent combien elle a déjà reculé les bornes de son empire. Touché de la position des habitans, le gouvernement vient de prendre des mesures pour les préserver d'une ruine totale. Une digue imposante s'élève à grands frais, et les soins qu'on apporte à sa construction font naître l'espérance qu'elle sera plus capable de résister que toutes celles qui l'ont précédée. On s'occupe aussi de prolonger l'une des jetées du port, afin de rompre l'effet de la lame qui, dans les fortes marées, amène à l'entrée du chenal une telle quantité de sable qu'elle y forme une barre, qui empêche non-seulement les bâtimens d'entrer, mais encore produit une crue subite des eaux de la Nivelle, qui, se trouvant retenues par cet obstacle, débordent et se répandent dans les rues de la ville. Le seul moyen d'éviter alors une inondation complète consiste à ouvrir, lorsque la marée s'est retirée, un passage à travers la montagne de sable aux eaux de la rivière, qui, une fois qu'elles ont reçu une première impulsion, ont bientôt tout emporté. Quelquefois même la seule force du courant suffit pour débarrasser l'entrée du port sans aucun secours étranger.

Tout en regrettant leur ancienne prospérité, les habitans de Saint-Jean-de-Luz ont la philosophie de ne pas s'en affliger, et en cela ils ont conservé le caractère basque dans toute sa plénitude. Lors du passage des armées françaises en Espagne et surtout pendant le séjour des Anglais dans le pays en 1814, ils se trouvèrent en position de gagner beaucoup d'argent, et on peut dire qu'ils profitèrent bien du moment, car tout se vendit au poids de l'or, et il n'y eut point de famille qui ne s'engraissât de la dépouille des soldats de Wellington. Cette aisance disparut en aussi peu de temps qu'elle était venue. Deux ans après tout était mangé, dans la vraie acception du mot, c'est-à-dire, dépensé comme la légitime de l'enfant prodigue,

en festins et en divertissemens. Redevenus aujour-
d'hui aussi misérables qu'auparavant, ils attendent
une nouvelle occasion de s'enrichir pour se ruiner
encore de même.

On ne trouve dans Saint-Jean-de-Luz non plus
que dans Cibourre, aucun monument remarquable. Les églises, spacieuses et bien bâties comme
toutes celles du pays basque, sont garnies dans
l'intérieur de plusieurs galeries disposées en étages où se placent les hommes, tandis que le pavé
humide et froid de la nef est réservé aux femmes.
Ces dernières ont adopté, comme les Espagnoles,
le costume noir pour assister à l'office divin, mais
au lieu de la mantille qui n'ôte rien à la grâce de
la taille et du maintien, elles s'enveloppent dans
un mantelet de soie noire qui les masque de la tête
aux pieds, et ferait difficilement soupçonner à un
étranger que sous une parure aussi lourde et aussi
désagréable, se cachent souvent la plus jolie figure
et la taille la plus svelte.

Malgré tous les règlemens sanitaires et les ordres
qu'on a si souvent donnés à ce sujet, on n'a pu
encore faire cesser entièrement à Saint-Jean-de-
Luz l'usage d'enterrer les morts dans les églises.
Elles ne sont en grande partie pavées que de pierres tumulaires, et on peut juger de l'air pestiféré
que respirent les femmes qui restent plusieurs
heures de suite agenouillées sur les cadavres de
leurs parens, dont elles ne sont séparées que

par une couche de terre recouverte d'une pierre peu épaisse ou même quelquefois de simples planches. Il m'est arrivé, voulant entrer un matin dans l'église de Cibourre, d'être obligé d'en sortir précipitamment à cause de l'odeur cadavereuse qui s'en exhalait. Avec un peu de fermeté, il semble que les autorités du pays auraient pu mettre fin à cette coutume insalubre, mais ils ont été arrêtés jusqu'à présent par la crainte de causer une émeute parmi un peuple qui tient autant à ses anciennes habitudes et surtout à tout ce qui touche au culte divin, qui confond, comme tous les peuples peu éclairés, avec la vraie religion ce qui n'est que momerie ou préjugé superstitieux. Heureusement l'usage d'enterrer les morts dans les églises n'est pas général dans tout le pays. A Hendaye et dans beaucoup d'autres communes, j'ai vu des cimetières en plein air. J'ai même remarqué dans quelques villages qu'on cultivait des fleurs sur les tombes, usage touchant qui mêle quelque chose d'animé et de riant à des souvenirs douloureux, et qui nous fait, suivant l'expression de Delille, *respirer l'âme d'un ami dans l'odeur d'une rose.*

Le peuple Basque a toujours été enclin au fanatisme et à la superstition, et la chronique du pays fournit de nombreux exemples des excès qui en sont résultés dans les derniers siècles. Un des plus marquans est la guerre qui fut déclarée, en 1609, aux sorciers du pays. On en fit des

recherches très-exactes, et un grand nombre de
particuliers et notamment plusieurs prêtres furent brûlés vifs en cette occasion. Quoique la révolution et le séjour des troupes dans le pays
pendant la campagne d'Espagne, deux puissantes
causes de démoralisation, aient beaucoup changé
les anciennes idées des Basques sur la religion
et sur tout ce qui s'y rapporte, un événement
tout récent a prouvé combien ils y tenaient encore. Au printemps dernier une troupe de missionnaires vint prêcher à Saint-Jean-de-Luz : aussitôt une sainte folie s'empara des habitans et
particulièrement des femmes ; on se porte en
foule aux sermons de ces prédicateurs, et quoi
qu'ils s'énonçassent en français, et que les quatre
cinquièmes des assistans ne comprissent pas un
mot de cette langue, on n'entendait de tous côtés
que gémissemens et sanglots, qui témoignaient
combien l'auditoire était touché de ce qu'on lui
disait ou plutôt de ce qu'il croyait entendre. L'air
ne retentissait plus que des cantiques de la mis-
sion, dont les airs, pris dans nos opéras, et les
paroles étaient dénaturés à ne plus pouvoir les
reconnaître. Chacun promet de s'amender, les
jeunes filles font serment de renoncer aux amou-
rettes et surtout de ne plus danser. Il semblait
enfin que la gaîté et la vivacité nationales allaient
disparaître à jamais pour faire place au maintien sombre et réservé de la pénitence ; mais

qui pourrait se flatter de changer une tête basque ? Un tel miracle du moins n'était pas réservé
aux missionnaires, car à peine étaient-ils partis
depuis deux mois, que le naturel et l'attrait du
plaisir avaient repris le dessus et tout allait comme
auparavant.

Ces missionnaires durant leur séjour firent
une découverte assez curieuse pour la ville. Un
grand crucifix sculpté en bois, vieux et vermoulu,
était relégué dans un coin de l'église. L'un d'eux
frappé de la beauté de la sculpture, s'informa
d'où venait ce Christ, et en remontant à son
origine, on découvrit qu'il était l'ouvrage du cé-
lèbre Jean Goujon, et qu'il avait été donné par
Louis XIV, à l'époque de son mariage, ce dont
personne ne se doutait plus depuis long-temps.

Saint-Jean-de-Luz est placé au fond d'une
petite baie d'une demi-lieue au plus dans sa plus
grande largeur, formée par l'embouchure de la
Nivelle dans l'enfoncement le plus profond du
golfe de Gascogne. Les deux extrémités de cette
baie, qui ont une tendance à se rapprocher, sont
défendues l'une, celle du côté de Cibourre, par
le fort de Socoa, qui a un petit port où les
bâtimens trouvent un refuge lorsque la tempête
les empêche de tenter l'entrée de Saint-Jean-de-
Luz; l'autre, par la batterie de Sainte-Barbe,
aujourd'hui abandonnée. On eut autrefois, dit-
on, le projet de joindre ces deux points par une

digue colossale à laquelle on n'aurait laissé qu'une ouverture pour l'entrée des bâtimens ; elle aurait fourni un bassin capable de contenir toutes les flottes du monde entier. Mais quel génie humain aurait pu entreprendre un pareil ouvrage et tenter d'opposer une barrière insurmontable à l'Océan, sur un des points où il se montre peut-être le plus indomptable ? On se contenta, probablement après avoir reconnu l'impossibilité de réussir dans une telle entreprise, de construire à la pointe de Sainte-Barbe une jettée d'une vingtaine de toises, afin de rompre un peu la force de la vague ; aujourd'hui cet ouvrage est déjà à moitié emporté, et dans un siècle à peine en restera-t-il quelques vestiges.

On s'imagine bien qu'une côte où la mer agit avec tant de fureur doit être fertile en naufrages. Pour surcroit de dangers, elle est hérissée de rochers qui ne laissent que peu d'espoir aux malheureux surpris par la tempête, d'échapper à la mort. Ces rochers qui s'étendent depuis l'embouchure de la Bidassoa jusqu'à celle de l'Adour, ont souvent attiré l'attention des naturalistes et des amateurs de la nature en désordre. Au milieu des bancs calcaires, et des couches schisteuses qui les composent, une grande variété de plantes marines, de mollusques et de coquillages s'offre aux recherches des uns ; ils y retrouvent aussi des masses entières de pierres lenticulaires, qu'on présume être composées de débris d'animaux dont les analogues vivans ne se sont plus retrouvés ; les autres viennent admirer les formes bizarres que le choc continuel des vagues a données aux anfractuosités de la côte et aux débris de rocher qui s'en détachent tous les jours. Là c'est un pont, ici c'est un portique gigantesque, plus loin ce sont des ruines dont la configuration extraordinaire ne semble pouvoir se rapporter qu'à une construction idéale. Il n'est pas jusqu'aux esprits romanesques et mélancoliques qui, en visitant la *chambre d'amour*, ne trouvent sur ces plages déchirées un adoucissement à leurs maux, en songeant à la fin tragique des deux amans qui ont donné à cette grotte la célébrité dont elle jouit. Voici l'histoire simple et touchante que la chronique rapporte à ce sujet. Deux jeunes Basques s'aimaient dès l'âge le plus tendre ; mais leurs parens, qui s'opposaient à leur union, leur défendirent de se voir. Désespérés et cherchant par tous les moyens possibles à éluder cet ordre cruel, ils convinrent un jour de se réunir dans les rochers qui bordent la côte. Le temps était menaçant ; ils cherchèrent un abri sous une vaste caverne que la mer avait creusée et qu'elle venait battre aux heures de marée. Là, après avoir renouvellé le serment de s'aimer toujours, ne pouvant s'arracher l'un à l'autre, ils oublièrent la défense de leurs parens et le danger qu'ils cou-

raient, ou plutôt ils ne s'en aperçurent que lorsqu'il n'était plus temps de l'éviter. Quand on alla
à leur recherche , on ne retrouva plus que leurs
cadavres enlacés.

La chambre d'amour est à deux petites lieues
de Bayonne , près de Biaritz , joli village, où les
habitans de la ville viennent dans la belle saison
prendre des bains de mer et faire des parties de
plaisir. C'est une grotte spacieuse qui a à peu
près 25 pas de profondeur sur 30 de largeur.
Malheureusement le sable que la mer pousse contre le rivage , tend tous les jours à l'encombrer
de plus en plus; bientôt on pourra à peine s'y
tenir debout , et si quelque obstacle imprévu
ne vient pas arrêter cet envahissement, il ne res-
tera plus de la chambre d'amour que l'histoire
tragique qui lui a donné son nom.

A une lieue de Saint-Jean-de-Luz , en suivant
la route de Bayonne , on rencontre Guétary et
Bidart, deux villages séparés par un vallon qu'arrose un ruisseau qui va se jetter dans la mer à
200 pas du chemin. Bidart est le dernier endroit
basque de ce côté, et bientôt après que vous en
êtes sorti, vous commencez à entendre parler le
gascon. Les femmes de Bidart rivalisent avec les
muletiers espagnols pour le transport des voyageurs et des marchandises de Bayonne à la frontière d'Espagne ; et sur une route où il n'existe
aucune voiture publique , on est bien aise, quand

on ne veut pas tomber entre les mains des loueurs qui vous écorchent impitoyablement, de trouver le *kacolet* de la Bidartine pour faire son voyage. Ce *kacolet* n'est autre chose qu'un espèce de double bât placé en travers d'un cheval et disposé de manière qu'une personne puisse s'asseoir de chaque côté à peu près comme sur une chaise. Cette façon de voyager serait assez commode, si on n'avait pas les jambes pendantes, et si le besoin d'un parfait équilibre ne vous faisait pas craindre à chaque pas une perfide bascule, qui vous mettrait infailliblement par terre. Ajoutez à cela qu'un voyage en *kacolet* exige, pour être agréable, qu'il ne fasse ni vent, ni pluie, ni soleil, ni poussière, ni boue. Aussi ne s'en sert-on que pour de petites courses, et pour aller au plus jusqu'à Irun ou Saint-Sébastien. Il faut voir pendant la saison des bains de mer la route de Bayonne à Biaritz couverte tous les matins d'une foule de jeunes gens et de dames, qui font la partie du kacolet ; et quoi de plus agréable en effet que de se trouver au milieu d'une nombreuse compagnie, presqu'en tête à tête à côté d'une jeune et jolie femme, dont on n'est séparé que par l'épine dorsale d'un cheval ou d'un mulet ? C'est là, je crois, le principal motif de cette fureur du kacolet, qui possède les Bayonnais de toutes les classes. Celui qui n'ayant pas de compagne entreprend seul le voyage, n'est pas tou-

jours le plus malheureux ; souvent il trouve dans
la Biarote ou la Bidartine , qui partage alors avec
lui le kacolet pour servir de contrepoids, de quoi
charmer son isolement. Ces conductrices sont
presque toutes jeunes et jolies , et on leur prête
des idées fort libérales.

Biaritz s'apperçoit sur la gauche à une demi-
lieue de Bidart ; on en est alors séparé par un
petit lac dont la profondeur avait donné à Na-
poléon l'idée d'y creuser un port, qui l'aurait
emporté de beaucoup sur tous ceux que nous
possédons dans le golfe de Gascogne, pour la
sûreté du refuge qu'on y aurait trouvé. Effectivement, l'entrée de Saint-Jean-de-Luz est loin
d'être belle, surtout dans les grandes marées ;
celle de l'Adour est quelquefois impraticable pendant plusieurs mois de suite , et on connaît les
dangers qu'offre la navigation de la Gironde depuis son embouchure jusqu'au Bec-d'Ambez. Au
moyen d'un chenal de moins de 500 toises de longueur, on aurait établi une communication entre
la mer et le petit lac dont je parle , et on en
aurait fait un magnifique bassin capable de contenir les flottes les plus nombreuses, auxquelles
il aurait offert l'abri le plus certain contre les
gros temps si fréquens dans ces parages. Les
soins de la guerre d'Espagne et les revers qui
en furent la suite, ont fait évanouir ce projet.
Après avoir perdu le lac de vue, on arrive au

haut d'une côte d'où l'on découvre Bayonne, et bientôt après vous traversez le petit village d'Anglette, qui fournit une espèce de raisin sucré qui croit dans les dunes de sables, situées entre lui et la mer. Quelques personnes croient retrouver dans le nom de ce village un souvenir du séjour des Anglais dans la Guyenne.

Au moment d'entrer en ville, un vaste château environné d'ombrages touffus se présente sur la droite. C'est celui de Marac, ancienne habitation royale, qu'occupa Bonaparte lorsqu'il combinait le plan de l'expédition d'Espagne et qu'il en dirigeait les opérations. C'est là qu'il attendit Ferdinand, lorsque celui-ci vint se remettre entre ses mains. En vain sur sa route beaucoup d'Espagnols attachés à l'ancienne dynastie des Bourbons, cherchèrent-ils à dissuader ce prince d'entrer en France; à Irun même, on lui offrit tous les moyens de faciliter son évasion : il refusa tout, disant qu'il se fiait à son allié et qu'il n'avait aucune crainte. Nous avons vu comment sa confiance avait été payée ! Marac est aujourd'hui maison royale, comme autrefois; mais il n'a encore été honoré de la présence d'aucun de nos princes. Dans les beaux jours d'été, les antiques maronniers de son parc prêtent leur ombrage à la jeunesse de Bayonne, qui y vient danser et se divertir.

La première fois que j'entrai dans Bayonne,

la ville me parut triste et déserte; il est vrai que
c'était par un temps détestable, et que la place
d'armes où je descendis, quoiqu'un des beaux
quartiers de la ville, en est en même temps un
des moins vivans, parce qu'il n'est composé que
d'hôtels habités par de riches particuliers. Le lendemain, qui était un jour de marché, lorsque je
parcourus la ville, la foule qui se portait dans les
quartiers marchands, l'affluence des gens de campagne, la vivacité des manières, le patois gascon
qui prête si bien à la risposte et un air de gaîté
répandu partout, me donnèrent une toute autre opinion. Cependant on ne peut s'empêcher de reconnaître dans Bayonne l'apparence d'une ville qui a
vu passer le temps de sa prospérité. Pendant tout
le temps qu'a duré la guerre d'Espagne, elle était
le rendez-vous des troupes qui entraient dans
ce royaume ou qui en sortaient; c'était là que
l'armée s'équipait au départ, et dépensait au retour une partie de l'argent qu'elle rapportait.
Tous les ouvriers étaient employés, les denrées
et les articles de magasin étaient vendus au
double de leur valeur; on se disputait les maisons et les appartemens. Chacun se voyant dans
une espèce d'aisance, prit des habitudes de luxe
au-dessus de son état. La source de cette richesse passagère disparut avec la guerre; mais
les habitudes dont on s'était fait un besoin res-

tèrent, et aujourd'hui encore marchands et gens
de métier cherchent à gagner de quoi y satisfaire en vendant le plus cher possible ou en
entreprenant au-delà de leurs moyens et de leur
crédit : delà les banqueroutes et un état de gêne
qui se fera sentir long-temps encore. D'un autre
côté, le commerce d'Espagne, qui jadis apportait
dans cette ville une partie des piastres du nouveau monde, et qui enrichissait ses négocians par
le seul bénéfice de la commission, perd chaque
jour de son importance. L'Espagnol devenu pauvre,
commence à sentir le besoin de devenir industrieux;
déjà beaucoup de ceux-ci, au lieu de passer par les
mains des Bayonnais qui leur faisaient payer chèrement leurs services (1), ont pris le parti d'aller s'approvisionner directement aux fabriques ;
bientôt n'ayant plus de quoi acheter les produits
étrangers, ils deviendront eux mêmes manufactu-
riers, et la France aura perdu une branche de

---

(1) Les Espagnols ne paraissent pas se louer beaucoup
de cette entremise. « Les Bayonnais, dit Zamacola dans
son *Historia de las naciones Bascas*, ouvrage qu'il a
fait paraître en France pendant qu'il y était exilé, sont
très polis et très engageans envers les étrangers quand
ils leur croient de l'argent pour acheter leurs marchandises, mais fuyent de cent lieues ceux qui ne peuvent
leur être d'aucune utilité pour leur commerce. »

commerce long-temps florissante et à laquelle Bayonne a du long-temps sa prospérité. Cependant cette ville, par sa position politique et commerciale et par le débouché qu'elle offre aux produits d'un pays riche et fertile, conservera toujours une place marquante parmi les ports de France, et son sort futur, pour être moins brillant, n'en sera peut-être que plus sûr.

L'Adour et la Nive divisent Bayonne en trois parties; la première sur la rive gauche de la Nive est en grande partie habitée par les autorités, les rentiers et les gros négocians; elle est séparée par deux ponts de bois de la seconde où le commerce et les marchands ont plus particulièrement fixé leur domicile. Si vous passez ensuite à la troisième, en traversant le grand pont de l'Adour, le spectacle change : ce ne sont plus les mêmes figures; les traits prononcés, les visages pâles, les yeux creux, les cheveux noirs, et surtout le costume *rapé* de la plupart de ses habitans, vous annoncent que vous avez affaire à une population juive. Effectivement, Saint-Esprit, c'est le nom de ce quartier, est peuplé presque entièrement par des Israélites. Ses habitans ont la prétention de ne pas faire partie de Bayonne et de former une ville séparée. Ils ont un maire particulier et même ils appartiennent à un autre département, l'Adour formant la limite entre celui des Landes et celui des Basses-Pyrénées.

Bayonne n'est pas riche en monumens. Sa cathédrale n'a pas été achevée; le vaisseau en est assez beau, mais la façade manque. Je n'y vois de beaux quartiers que celui de la place Grammont, de la place d'armes et la grande place du Saint-Esprit; le reste ne consiste qu'en des rues étroites, sombres, et par conséquent fort sales dans le mauvais temps. La salle de spectacle, petite et mesquine, n'est relevée ni par sa décoration intérieure, ni par le jeu de la troupe d'acteurs qu'on y envoie tous les ans de Pau, et qui d'ordinaire est passablement mauvaise.

Je ne sais pas pourquoi on ne fait pas disparaître du milieu de Bayonne, ces antiques masses de pierres appellées le Château-Neuf et le Château-Vieux, qui occupent un espace immense dans une ville où l'on se trouve déjà à l'étroit, et qui viennent assombrir nos idées en nous présentant les tours et les créneaux de la féodalité à côté de nos habitations modernes qui semblent, en comparaison, des maisons de Pygmées. Ces deux castels ne sont certainement d'aucune utilité pour la défense du corps de la place; la citadelle est bien d'une autre force que ces grandes murailles qui ne sont défendues par aucun ouvrage extérieur et qui présentent partout prise au canon. Pourquoi n'avoir pas pris un de ces emplacemens pour y bâtir l'hôtel de ville, au lieu d'avoir choisi l'endroit resserré et dépourvu de dégagemens, où l'on s'occupe aujourd'hui de le construire ? Mais n'entamons pas le chapitre des pourquoi : à Bayonne comme ailleurs, il nous mènerait trop loin.

J'aurais dû commencer par parler des allées marines qui sont ce que Bayonne offre de plus attrayant pendant la belle saison. L'Adour et la Nive, après avoir traversé la ville dans des lits séparés, viennent se réunir au pied de la citadelle. La rive gauche du fleuve présente alors un long quai, contre lequel viennent s'amarrer les nombreux bâtimens qui fréquentent le port. C'est là qu'on a planté ces belles allées, où l'on jouit à la fois du plus frais ombrage, d'une vue magnifique sur la rive opposée et sur l'embouchure de la rivière, et du spectacle animé qu'offre toujours un port de commerce. Cette promenade tend continuellement à se prolonger par le soin qu'on prend de combler le marais qui la termine en y faisant déposer aux bâtimens leur lest. Il est fâcheux que pendant le dernier siège, le génie se soit cru obligé de faire étêter les arbres qui se trouvaient le plus à proximité de la ville. Heureusement qu'ils ont déjà repoussé des branches assez vigoureuses pour cacher cette difformité, et dans quelques années elle aura entièrement disparu. En face des allées marines s'élève la citadelle, ouvrage de Vauban, placée sur une hauqui domine la ville et la rivière, et qui est faite pour donner de la tablature à ceux qui voudraient entreprendre de s'en rendre maîtres. Les Anglais et les Espagnols l'ont assiégée inutilement en 1814.

L'Adour qui, à Bayonne, a assez de profondeur pour recevoir toutes sortes de bâtimens, même ceux de la marine royale, ne la conserve malheureusement pas jusqu'à son embouchure. La passe en est fort étroite et fort difficile, et il est arrivé quelquefois que des bâtimens ont attendu jusqu'à trois mois pour trouver le moment favorable de la franchir. On a envain essayé d'améliorer cette navigation, et pour retrécir le lit de la rivière on a tiré depuis le Boucaut, village à une petite lieue de Bayonne, jusqu'à la mer, une digue ou plutôt un quai en pierre, long d'une demi-lieue. On a peut être empêché l'encombrement total du passage, mais la barre n'en est pas moins restée fort périlleuse. Pour donner une idée du peu de sûreté qu'elle offre aux navigateurs, il suffira de citer un trait que j'ai entendu raconter à ce sujet. Deux bâtimens devaient partir en même temps de Bayonne et faire route de concert pour les colonies; l'un d'eux ayant été obligé de retarder son départ d'une marée, l'autre sortit seul de la rivière, et ne voyant pas le lendemain arriver son camarade, continua son voyage qu'il fit heureusement. Trois mois après retournant en France, il fut tout étonné de trouver son ancien compagnon de voyage qui attendait encore le moment de sortir de la rivière, la barre n'ayant pas été praticable un seul jour pendant tout le temps de son absence.

## F I N.

# ERRATA.

Page 5 , — 20 , *au lieu de* Vercatus , *lisez :* Viriatus.
— 6 , — 2 , ——— d'Jeûna , — d'Iruna.
— 7 , —7 de la note — Antrigons, — Autrigons.
— 10 , — 12 , ——— *civilis* , — *civiles.*
— 12 , — 3 , —— Jineoa , — Jincoa.
— 14 , — 18 , —— .Eause , — Euse.
— 18 , — 14 , —— Enceo , — Eneco.
— 35 , — 24 , *au lieu de* Torrente , — Torrealte.
— 12 , — 3 — Jineoa , — Jincoa ou mieux : Inko
— 18 . — 5 — Saule , — Soule

www.ingramcontent.com/pod-product-compliance
Lightning Source LLC
Chambersburg PA
CBHW072106090426
42739CB00012B/2873